Building a Bridge

How the Catholic Church
and the LGBT Community
Can Enter into a Relationship of
Respect, Compassion, and Sensitivity

by
James Martin,SJ

在橋上，與你相遇

基督徒和同志團體如何建立
此尊重、同情、體貼的互動關係

士·馬丁 神父——著
譯

各方熱烈迴響

作為一個同志天主教徒，同志與天主教友像交響樂曲一般，交織在我的生命。年少對同志身分感到困惑迷惘時，我因為感受到天主對我的愛，而有勇氣接納自己為同志；成年投身同志運動後，因為教會對同志的不接納與惡意，我遠離教會，與教會保持距離；邁入中年的我又回到信仰，尋找更肖似基督的生活，希望在愛中合一。經過婚姻平權浪潮席捲的台灣，深陷看似對話無望的衝突與對立中，這本書的作者詹姆士·馬丁神父毅然踏出教會同志牧靈的先知性工作，為彼此聆聽與看見的相遇點燃一盞斗室明燈。這本書所具有的反思性與顛覆性，正是經歷同婚合法化後的台灣基督教會與同志團體迫切需要的：用基督的眼光重新面對彼此，我真心期待這本書為台灣開啟新的橋梁，讓我們帶著祈禱的心情一起來閱讀。

——**王增勇，政治大學社會工作研究所教授**

每個人都需要愛與被愛、自尊與尊重。在橋上就能相遇！耶穌主動靠近所有感覺自己被排斥到邊緣的人們，看他們不是看類別，是一個人，於是對話開始了。你願意上橋嗎？就從這本書開始！——**沈美珍，台灣家庭第一協會研發顧問、三一全人教會師母**

作者跳脫是非的爭論，呼籲正視同志是一個生命的議題，用「尊重、同情、體貼」為同志基督徒與教會築起真誠互相接納的橋。本書對於致力建立開放與接納之信仰團體的個人與教會，提出了極富挑戰性與啟發性的真摯邀請。

——**邱淑嫃，玉山神學院助理教授**

在這充滿對立、怎麼說都不對的世代，一位美國神父呼籲教會和同志基督徒和解並對話。相信藉由建立相互尊重、同情、體貼的關係，大家真能夠「彼此相愛」，深信這也是眾教會的心願，值得一讀與倡導！

——**晏涵文，臺師大名譽教授、台灣性教育學會名譽理事長**

投入基督教在同志生命和婚姻平權上的牧養與改革二十多年，我十分肯定本書的立意和策略。作者的經驗分享和靈性操練為宗教人士與組織提供一系列重要的信仰課程，也賦權同志從對立下的受害者成為展現耶穌精神的勇士。

——**張懋禛，真光福音教會主任牧師**

基督宗教信仰很清楚說：神愛世上的人。這表示所有的人在神面前都是一樣的，無論這個人是以怎樣的狀態存在，每個生命在神的眼中都是珍貴的。因為生命都是在祂的旨意之下才會出現。

——**盧俊義，台灣基督長老教會牧師**

這是非常好的一本書，富含聖經根據與實例，提供基督徒與同志群體的相處之道，也提供神職者對同志群體的牧養之法，充滿主愛也服事基督救恩。

——**羅光喜，台南神學院教務長**

這本很受歡迎、人們也很需要的書，會幫助主教、神父、牧靈夥伴和所有教會領導者更慈悲地牧養同志團體，也會幫助同志基督徒在教會中感到更自在——畢竟，那是他們的教會。

——**凱文・法雷爾樞機主教**（Cardinal Kevin Farrell）
梵蒂岡教廷宗座「平信徒、家庭和生命部」部長

同志的父母，以及因為自己的性傾向而在教會感到不受歡迎的人，這本書已贏得他們的感激。

——**《紐約時報》**（*The New York Times*）

我肯定馬丁神父所做的，他是一位為了服務教會而奉獻自己生命的神父。他盡心盡力，也廣受尊重，教宗指派他負責羅馬的一個委員會。所以，我只想對人們說：請透過閱讀他確切書寫的內容，做你自己的決定：要如何看待他以及他所做的事……他就算不是首屈一指的福傳者，也是今日教會的福傳先鋒之一，尤其是對年輕人來說。

——**布雷瑟・邱琵奇樞機主教**（Cardinal Blase Cupich），**芝加哥總主教**

教會團體應該感謝馬丁神父寫了這本書。這麼多年來，許多同性戀、雙性戀及跨性別的基督徒都在教會邊緣等待這樣的對話開啟。本書敲開了一扇通往機會的門，提出關於將同志基督徒納入教會的問題，而那些機會應該要好好把握。

——**《天主教國家紀錄報》**（*National Catholic Reporter*）**社論**

非常值得讚賞的一本書，邀請我們進行一場尊重有禮的對話。本書也是極有幫助的靈修資源，馬丁神父在書的後半部分提供了能用來反思與默想的聖經章節，並以一篇動人的祈禱文作為總結。這些會幫助同志基督徒及他們的家人朋友在面對掙扎時，探索自己與神的關係，並看到自己的尊嚴是基於神的愛。馬丁神父的訊息簡明、易懂、不傷腦筋，但重要的是，我們要公開地聽到它。

——**英國天主教周刊《平板雜誌》**（*The Tablet*）

馬丁神父再一次觸及事情的核心，他在教會與同志團體之間築橋的這本書，就是明證。耶穌熱情地祈禱我們能合而為一，而我相信本書走了很長的路來回覆那祈禱。同志群體經常被視為「異類」，而事實上我們在一起，都是兄弟姊妹、父母、兒女。正如一個家庭的成員，彼此之間會有差異，但那絲毫不減損我們是一個家庭。對所有願意建立基督徒團體並見證福音包容訊息的人，這是必讀的勇氣之作。

——**若翰・韋斯特**（John C. Wester），**聖塔菲總主教**

在打出本書的第一個字之前，馬丁神父就知道，無論他寫什麼，他都將走進布滿批評的地雷區。這使得他的勇氣與悲憫之心更加有力量。面對任何批評，馬丁神父只有一個簡單卻無懈可擊的答辯：「愛是每個人的義務，因為耶穌基督呼喚我們這麼做。」他又加上一句：「對耶穌來說，沒有我們和他們之分。只有我們。」這個重要訊息已經延遲太久了：馬丁神父敦促教會和所有信仰愛與福音的人，以尊重、同情和體貼來對待同志群體。同樣地，他也請求同志群體以同樣的核心價值來對待教會人士。這樣的主張並不過分。

——**《芝加哥論壇報》**（*Chicago Tribune*）

這是一本大膽的書。清晰而公開地談論一項令教會氣餒並受嘲弄的議題，並以穩當講理的方式，將歇斯底里的激動情緒排除於討論之外……我們對彼此有責任，以馬丁神父所描述的相互「尊重、同情、體貼」方式，來築起這座橋。

——**北美最大耶穌會媒體《美洲雜誌》**（*America*）

福音要求我們，在教會生活中，同志們必須真正被愛、被珍視，但他們並未被如此對待。馬丁神父在本書中提供我們觀點、語言和迫切感，來承擔這個艱鉅卻極為肖似基督的任務：以相遇和慈悲包容的文化，來取代疏離隔絕的文化。

——**羅伯．麥可艾羅**（Robert W. McElroy），**聖地牙哥主教**

耶穌會士詹姆士．馬丁神父的這本作品，似乎是對祈禱的一個回應……馬丁神父以精選的聖經章節以及提供給同志讀者和他們親友的反省題目，來為這本美麗的書收尾。非常值得一讀。

——**派屈克．鄧恩**（Patrick Dunn），**紐西蘭奧克蘭主教**

性、性別和宗教——不穩定的混合物。馬丁神父以這本書顯示了玫瑰經和彩虹旗如何能平和地彼此相遇。讀過這本不容錯過的書之後，你將了解為何馬丁神父會被授以「築橋獎」的榮譽。

——**簡寧・葛拉米克修女**（Sister Jeannine Gramick）

同志牧靈服務團體「新路」共同創辦人

本書中那些讓人驚奇的洞見，使人注意到馬丁神父思維之精妙和他思考這些問題之投入。對正在尋求幫助的基督徒來說，這本平易近人的書會引起很大的共鳴，也為性方面少數族群的牧靈關懷，或是以同志身分生活的基督徒，提供了資源。

——**《出版人週刊》**（*Publishers Weekly*）

馬丁神父的這本書，描述了方濟各教宗常常倡導的「相遇文化」。為了築起這座溝通之橋，分隔兩邊的人必須設想對方的良善與價值，在雙方都想在這條路上相遇的共同渴望下，一起向前行。馬丁神父以一顆熱愛教會、同時也憐憫同志基督徒所受苦難的心，描述這樣的相遇如何成為一趟帶來豐碩與釋放的美好旅程。

——**若望・史杜威**（John Stowe），**肯塔基州萊辛頓主教**

今日的教會領導階層中，仍然很少有人（尤其是天主教神父）會坦誠而善意地談論同志基督徒的經驗。馬丁神父是罕見的例外，他肯定他們歸屬教會的權力，並以此為自身的使命。

——**北美新聞媒體《副標雜誌》**（*Vice*）

一位出色的耶穌會士詹姆士・馬丁，寫了一本出色的書，挑戰教會去與同志群體進行對話。對許多教會中的人來說，這是個很大的挑戰，因為如果你自認是在正確的那一邊，就不會想築起這座橋，但這正是我們接下來必須去的地方。

——**威爾頓・國瑞**（Wilton D. Gregory），**亞特蘭大總主教**

倘若馬丁神父的這本書，以聖經的方式反映了神對我們的慈愛創造，以及耶穌的無條件接納，能幫助同志群體和我們的家庭，也幫助所有人相信神的溫柔，那麼他便為社會轉變和靈性更新奠定了基石。

——**《華盛頓郵報》**（*Washington Post*）

如果你想要更衝擊性的反抗方式，而認為馬丁神父這個築橋的召喚讓人失望，那你可能搞錯了：在這個領域，想要成為締造和平的人，是需要小心謹慎並且代價重大的，而馬丁神父多年來一直在築這樣的橋。這本書的閱讀後勁，比初讀時的表面感覺來得更強。

就像方濟各教宗，他知道要靠近到可能涉險的程度，並進入關係中，我們才能學到慈悲、同理，以及愛自己的敵人。如果我們能在那些事情中成為基督徒，唯有在這樣的可能性下，同志教友和教會之間關係的絆腳石才能逐步移除。

——**詹姆士・艾利遜**（James Aison），**英國著名神學家**

如果你想要跟上這位幹練築橋者的建設工程的最新情況，請閱讀這本書。他是信實的耶穌會士，將這些複雜的議題放在更廣大的脈絡中，並渴望兩邊的人們從彼此認識開始，藉由這座橋而連結在一起。

——**馬丁．馬提牧師**（Martin E. Marty）

芝加哥大學現代基督信仰史榮譽退休教授

馬丁神父說，我們必須把這座雙向對話的橋建造起來，因為尊重、同情和體貼是公開有意地雙向流動的。本書以更具體的方式闡述了以上這段話在這種對話中意味著什麼。本書詳細檢視了特定的事件和應對方法，在這場兩邊都時常受傷的戰役中，這對雙方的良心省察發揮了很好的作用。

——**美國社會文化媒體《公益雜誌》**（*Commonweal*）

在本書中，馬丁神父敦促所有基督徒和同志群體，基於福音對每個人愛與尊重的教導的完整意義，進行一場亟需的平靜對話。這本書幫助整個教會投入耶穌所委託的牧養眾人，在態度上不僅要毫無歧視，還要懷著涵容的真實大愛，而這份愛是每個神之子民應得的。我推薦這本書，它適合在教會、學校和家庭中討論。

——喬瑟夫．菲歐瑞札（Joseph A. Fiorenza），加爾維斯頓—休斯頓榮退總主教

我們的教會已經有太多地方讓同志群體感到不受歡迎、被排斥，甚至被羞辱。馬丁神父這本勇敢而富於啟發性的書，標注了重要的一步，邀請教會領袖以更多的同理心來牧養，也提醒同志基督徒，他們和其他基督徒一樣，是教會的一部分。

——若瑟．托賓樞機主教（Cardinal Joseph W. Tobin），紐華克總主教

CONTENT

獻給所有
曾與我分享喜樂與希望、
悲痛與焦慮的同志們，
以及他們的家人朋友。

祢造成了我的五臟六腑；
祢在我母胎中締結了我。
我讚美祢，因我被造，
驚奇神奧。
祢的工作，千奇萬妙！
我的生命，祢全知曉。
——聖詠（詩篇）139 篇 13-14 節

角落的耶穌

〈路加福音〉7 章 44 節：
他遂轉身向著那婦人，
對西滿（西門）說：
「你看見這個婦人嗎？」

角落的主耶穌，
你看到了一切——
那些居於核心的人，
以及那些處在邊緣的人。

請引導我們在寬廣的世界中
走入各個角落，
因為當你走進房間，
在別人視而不見的那些故事中，
你找到生命與愛。
阿們。
——詩人、神學家佩卓．圖瑪
（Pádraig Ó Tuama）

作者序

自從本書問世以來，我很開心能有機會在許多教會、大學、靈修中心和會議中發言，同時也與許多同志和他們的父母、祖父母、兄弟姊妹、朋友、鄰人一對一談話。這些相遇中，有許多深刻而感人的時刻，因為那麼多的人與我分享了他們的個人故事——有關痛苦與掙扎、堅忍與希望、懷疑與信仰的故事。

每一次相遇，我都學到全新的事物。

同時，我也與多位樞機主教、主教、神父，以及其他的教會成員（未領聖職的牧靈夥伴和教會工作者）談論他們對這本書的反應。

所有這些談話，還有書評、讀者來函，以及透過社群媒體收到的訊息，都鼓勵我再多寫一點，將我一路上學習到的經驗與洞見納入修訂版中（中文版即為修訂版）。

讓我在此提出五點已被證實有幫助的特別洞見。

✝

第一，在這本書出版不久後，我了解到一件事（有些讀者或許不會為此感到驚訝）——對同志的牧靈服務，不單是針對身為同志的一小群基督徒，而是針對更大的群體。

起初，這本書是為了同志基督徒和教會人員這兩群非常明確的讀者而寫。但每次我參與一場面談、講座或靈修活動之後，都有人對我說類似這樣的話：「我女兒是同志，已經好些年不進教堂了，我希望能把你的書送給她。」特別是父母，往往會找我訴說他們的故事，而這些經驗永遠是深具啟迪和教育意義的。此外，我還聆聽了祖父母、阿姨叔伯、兄弟姊妹、侄兒侄女，以及鄰居、朋友、室友、同事……所分享的故事。

因此，這個主題所觸碰到的人，遠比我預期的還要多，而數目只會越來越增長。隨著越來越多的基督徒自在地分享他們的性別認同，便有越來越多的基督徒家庭受到同志議題的影響；而當越來越多的家庭帶著他們的希望和渴求進入教堂，就會有越來越多的神職人員與牧靈工作者受影響；於是，越來越多的主教和教區工作人員受影響。就這樣，整個教會都逐漸受到影響。

所以，我們第一個要認知的就是，對同志基督徒的牧靈服務不是只針對同志，而是要漸漸擴展成對整個教會的牧靈服務。同樣地，儘管這本書主要是為基督徒而寫，我希望它之後也能對所有致力在自己教會歡迎同志的基督徒有所幫助。

†

第二，我了解到我必須更清晰地表達一件事——要負起「築橋」責任的是哪一方。在初版中，我對此只有模糊提及，沒有直接地表達，因為我以為這是很明顯的。

所以，讓我清楚明白地說：要為「對話」與「和解」負起主要責任的，是教會這一方。因為是教會讓同志基督徒感覺被邊緣化，而非反過來。有些同志團體以教會為目標採取公眾行動，招致強烈的反彈，這也是真的。但就讓人感覺邊緣化來說，神職人員和其他教會人員確實有責任。

✝

第三，有些讀者感到疑惑，為何我書中似乎遺漏兩樣事情沒有討論：關於教會對同性關係和同性婚姻的教導，以及教會中的性侵事件。

關於教會內的性侵害，在初版中只有約略提到。有些人問我為何沒有深度探討這主題，既然它是許多同志離開教會的重要原因——因為他們覺得有些教會領袖十分虛偽，一方面批評同志的性行為，同時卻容許神職人員的性侵害作為（在初版和這本書中，我都引述了一位男同志對此事的感受）。當然，許多異性戀的人也有相同的感覺。

但是，我沒有將神職人員性侵事件與性侵罪行的討論納入本書，並不是因為我害怕應對那個主題（我在他處寫過相關文章），而是為了另一個原因：這樣關鍵性的主題，應該要有更全面的論述，而這本短短的書不可能涵蓋。我不想針對這個主題發言，是因為它確實有大費周章討論的必要，而這超出了本書的範圍。

不在本書中放入對同性關係的長篇討論，這也是刻意的，因為教會對這件事的立場非常明確：同性之間的性關係是不許可的。然而，同志基督徒群體對此事的立場也同樣明確：同性的性關係是他們生命中不可或缺的部分（在此我是在講同志基督徒中的多數人，而非這群體中相對少數不這麼想的人）。從神學方面來看，你可以說，教會的這個教導尚未被它主要針對的同志基督徒群體所「接受」。

所以，我決定不浪費筆墨討論這個議題，因為它屬於雙方相距太遠的一塊區域。同性婚姻也是如此——它是教會和多數同志群體相隔太遠的一項議題。在這本書中，我引述了《天主教教理》（*Catechism of the Catholic Church*）整段關於同志的性方面（更具體來說，是關於同性戀）的教導，但我再一次強調，我不進行相關的長篇討論，是因為我希望聚焦於「有可能產生共識」的部分。

同樣地，這本書不是道德神學的論文，也不是針對同志性道德的反省。更進一步地說，並非什麼事都和性有關。真正和這本書有關的，是對話及祈禱。

✝

第四，我想要談談「仇恨」的議題。當廣大讀者（尤其是同志和他們的家人）激動地表達對這本書的感謝時，這本書在教會一些地方卻激起了一股真實存在的仇恨洪流。

這些毫無包容的情緒表達，多數出現在社群媒體上，但我也在其他地方看到過，單單是「歡迎同志」的概念，就足以激起你所能想像最大的恐同和充滿恨意的評論。當然，我預期到會有人批評這本書，我也在初版中邀請大家討論，但這股恨意的強度著實讓我吃驚了。

大體來說，我能預期的是比較經過思考的批評反應：有些同志基督徒會說我走得不夠遠；有些主教和教會人員會說我太超過了。但是批評反應是預料中的事。這是對話的本質，也是邀請人們進入一場談話的本質——走到橋上，若你願意的話。

許多批評和討論都是有幫助、有建設性的，並且以最好的方式提出挑戰。我也從我的評論者那裡學習到很多，他們的許多問題引導我寫出這個修訂版。

然而，有些批評既沒幫助又沒建設性——如我所述，它們充滿仇恨。這種批評正好成為鮮明的提醒，讓人看到還有多少恐同情結仍存在於社會和教會中，也提醒我們這座橋下的水流有多麼凶險。有時候，我很難平靜地面對這些網路上的攻擊，但是，與同志基督徒及他們的家人相處幾分鐘，總是能讓我豁然開朗地看待這些充滿仇恨的批評和人身攻擊。只要同志基督徒的幾滴眼淚，就抵得過仇恨攻擊的一片汪洋。

這股憤怒從哪裡來？我認為可能來自這幾個地方：

1. 將同志視為「他者／異類」的恐懼：認為同志有異於常人，並將他們的差異視為一種威脅。這是真正的「恐同」，也就是對同志的真實恐懼。
2. 將同志視為「他者／異類」的仇恨：這比較接近人們口頭上說「恐同」的意思，「恐」指的不是恐懼而是仇恨。這種仇恨有時會轉變成一種尋找替罪羊的心態，因而只透過（或大部分透過）罪的有色鏡片來看同志。但實際上，我們所有人都是罪人。
3. 對同性關係或同性之間的吸引力覺得噁心或反感。這有時會導致對同志個人的恨意。

前述的三種原因（恐懼、仇恨、反感）不僅會導致憤怒，還會引起一種類似校園霸凌的結果——難聽的咒罵、個人誹謗，甚至暴力威脅。

4. 對「築橋」這件事感到恐懼，或是害怕去聽先前被自己視為「異類」之人的經驗；對於鼓勵人們以新方式來反省教會慣例的任何嘗試，更是覺得害怕，因為那就等於主張徹底改變教會的教導。當然，事實並非如此。但是出於這種原因而形成的反對，有時候會僵固成真正的反對，甚至轉化為憤怒。

為此，對天主教讀者來說，知道這本書經過我耶穌會長上的正式教會批准，這一點很重要。也就是說，和所有耶穌會士所出版的書一樣，這本書的原稿必須通過我所屬會省的書籍審查（Censor Librorum），然後才從我的省會長那裡收到出版的官方許可（書中會有「准印」字樣，此指英文版）。這本書也經過好幾位樞機主教、總主教和主教的認可。所以，這本書中所提到的一切，都是從福音開始，奠基於《天主教教理》，並且在教會教導的範圍之內。

5. 因為認知到「歡迎邊緣人，正是耶穌想做的事」而感到害怕：這種恐懼（通常來自那些熟讀福音的人）並非因為他們認為「歡迎異類是錯的」，反而是

「那正是耶穌所做的事」才讓他們感到害怕。簡單來說，反對同性婚姻很容易，因為它違反傳統的婚姻觀，但要爭論說「耶穌不歡迎邊緣人」卻比較難。當他們認知到「包容同志」全然合乎「耶穌包容邊緣人」的精神與作為，會給他們帶來很大的挫折。這種認知上的不協調——反對那些處於邊緣的人，卻同時知道耶穌歡迎他們——這樣的拉扯會讓某些人感到憤怒，因為他們要與自己的內在激烈爭鬥。

6. 對自己的性*感到不自在：自本書初版問世之後，我與許多執業的心理學家和心理醫師朋友談過，他們都指出，這一點是解釋強烈憤怒的最重要因素之

*編注：Sexuality，全稱為「全人的性」，根據二〇〇九年UNESCO出版的《國際性教育方針》（*International Guidelines on Sexuality Education*）的定義，「全人的性」是人類一生的核心概念，包含性、性別認同和角色、性取向、性慾望、性歡愉、親密與生殖。性通常被經驗並表達於思考、幻想、慾望、信仰、態度、價值、行為、習慣、角色和關係裡。性包括所有這些面向，但不是所有人在每一方面都經驗過或表達過。全人的性受生物、心理、社會、經濟、政治、文化、道德、法律、歷史、宗教及心靈的元素交互影響。

一。人類的性傾向是複雜的，而心理學家和心理醫師說，所有人都游移在「被哪種性別吸引」光譜的某一處上。

我們當中有些人對此感到不舒服，所以當人們說起類似同性戀的主題時，就會嚇到我們，因為它迫使我們面對那些複雜的感受。這種恐懼比較容易導向外界，也會以憤怒的形式出現。

無論如何，多數時候，我都沒有因為這樣的憤怒、辱罵、甚至人身攻擊而感到過度煩擾，因為這本書是為了開啟對話，而非為了對這個主題下結論。這些攻擊也發揮了重要的功用——提醒我為何這是一個值得討論的重要主題，以及支持那些想在教會內找到一席之地的同志基督徒，為何這麼重要。

第五，非常積極正向的一點：我低估了教會裡的人想和同志基督徒對話的渴望程度。這本書出版後，我在最初的幾次演講中，有一場是在波士頓的聖則濟利亞堂（一個以歡迎同志而聞名的教會），吸引了超過七百人前來，在平日的晚上，人們擠滿了整個教堂。

那天參與活動的人數之多，讓我嚇了一跳。當時，我才剛寫完這本書幾個月而已，還相當沉浸其中。我自己認為這本書只是清淡小品，但看到眼前擠得滿滿的教堂，讓我了解到對許多人來說，這是全新的東西。對許多基督徒而言，看見並聽到一位神父講論這些議題，引起了深刻的情緒反應。年輕的同志擁抱我，同志的父母和祖父母哭泣了，還有許多人以比我預料中更激烈的言詞告訴我，他們有多麼感激。

在另一次類似這樣的活動之後，一位同志朋友寫了一封電郵給我，針對活動反應如此熱烈的事提出他的看法：

我猜想，對許多基督徒來說，這些演講會有如此強大的力道，原因之一是正在談論它的是一位神父。多數人不常與神父相處，通常只有在主日彌撒（禮拜）的一小時內而已。所以，說到同志議題與神職人員，大部分基督徒只會聽到負面的聲音，因為那是最大的聲音，或者是媒體特別強調的聲音。看到一位神父說出你所說的事，是一種強有力的制衡論述。神職人員中的一員對同志相關話題說出了積極正面的話，既新奇又具有力量。

這很有可能是真實的原因。但是，也有可能人們之所以反應熱烈，並不單是因為聽到一位神父說這些事，甚至跟這本書沒有關係（因為他們當中許多人還沒讀過它），而是與更深刻的東西有關——對於公開討論這個主題的單純渴望，想要談談這個長久以來只能用耳語悄聲談論的主題。我常常想起〈瑪竇福音〉（馬太福音）＊中耶穌的話：「我在暗中給你們所說的，你們要在光天化日之下報告出來；你們由耳語所聽到的，要在屋頂上張揚出來。」（10:27）

這一點被一再地確認。幾週以後，在紐約市的聖保祿宗徒堂，我做了一場晚間演講。這個教會以活躍的同志外展活動而聞名，但幾週之前我已經在這間教會講過這個主題，因此，我以為會來聽講的人大概不多。然而又一次，演講吸引了大批群眾，座無虛席，而且講座超過了預定時間，因為人們拋出的問題如此之多。

不久後，我在費城郊區的維拉諾瓦大學（Villanova University）舉行演講。我原本預想，在一個富裕地區的天主教大學，這場討論會可能顯得有點多餘。但是又一次，我們在一個坐得滿滿的教堂中，現場來了超過七百人——學生、家長、鄰近區域的人們。這兩次講座，許多人在活動結束後都願意等上將近兩個小時，只為了和我分享他們的故事，帶著滿腔的激動情緒。

這些都提醒著我們，人們對於「討論」的需要——即便在這個主題已經「眾所周知」的地方也一樣。在聖保祿宗徒堂，最後幾個問題當中，有一個是：

---

*編注：本書中出現的聖經名詞（章名、人名、地名等），在每章首次出現時，皆採用天主教、基督新教之通用譯名對照的方式呈現，以便讀者閱讀。

「我們接下來能做什麼？」

在我們的教會中，對於尚待築起的橋梁，有一股深刻而明顯的渴望。

最後，這本書並非一場論戰，不是要爭論，也不是要辯論，而是一個邀請，請人進入對話和祈禱，然後扎根於耶穌基督去進行服務。每一項基督徒的牧靈服務都是扎根於耶穌，但是伸出手接觸那些自覺處在邊緣的人，就是最親近地跟隨耶穌。這是耶穌主要任務中的一項，對教會來說，也應是如此。

所以，我很高興能以這本書來繼續這項服務。但願它引導人們繼續對話、築橋，並導向一種在尊重、同情和體貼上漸漸成長的精神。

前言
我為何而寫

二〇一六年的夏天，在佛羅里達州的奧蘭多，一個持槍男子闖入一家男同志常常光顧的夜店，殺害了四十九個人。當時，那是美國有史以來最大規模的槍擊事件。

有數以百萬計的人回應這個事件，包括我在內，人們哀悼並聲援LGBT群體（LGBT即指：Lesbian女同性戀者、Gay男同性戀者、Bisexual雙性戀者、Transgender跨性別者）。然而，我也關切我沒有聽見的部分：雖然有些教會領袖表達了哀痛及驚恐之情，但在超過兩百五十個主教當中，只有少數人用了「男同性戀者」或LGBT這些詞語。

芝加哥的布雷瑟・邱琵奇樞機主教（Cardinal Blase Cupich）、佛羅里達州聖彼得堡的羅伯・林區主教（Robert Lynch）、匹茲堡的大衛・祖比克主教（David Zubik）、聖地牙哥的羅伯・麥可埃羅伊主教（Robert W. McElroy），以及肯塔基州萊辛頓的若望・史杜威主教（John Stowe），在槍擊事件發生的數天內，他們都強烈聲援同志群體或譴責恐同。然而，更多的人保持沉默。

我認為這個情況很值得深思。只有少數主教在這樣的關鍵時刻向同志群體致意（或甚至只是提到男同性戀者這個詞彙），這顯示了在教會的許多地方，同志群體仍然是隱形的。即便是在這樣的悲劇中，這群體的成員仍被視若無睹。

這個事件幫助我以新的方式認知到一件事：若是教會的某部分在本質上被隔絕於其他部分之外，福音的工作便無法完成。在這兩個群體——同志群體與體制教會——之間，已經形成一道鴻溝，而為了消弭這巨大的隔離，我們需要築一座橋。

雙向橋的概念來源

許多年來，我曾輔導和陪伴許多LGBT的人們同行，他們多數是基督徒。我的牧靈服務並非透過上課或研習，而是透過比較非正式的管道。男同性戀、女同性戀、雙性戀和跨性別的人，還有他們的父母和朋友，都曾來找我，想要獲得忠告、建議、告解及靈修輔導。在彌撒、課堂或避靜後，他們會尋求靈性和宗教上的建議，提出與教會相關的問題，或單純地分享自己的經驗。

在這些時刻，我聆聽他們的喜樂和希望，他們的悲痛和焦慮，時而伴隨著淚水，時而與笑聲相隨。在這過程中，我成了他們許多人的朋友。教會中的主教、神父、執事、修女、修士，還有未領聖職的一般牧靈工作者，都可以像我這樣和他們說話。

我也曾與許多樞機主教、總主教、主教、其他教會成員和領袖一起工作，也更深地認識了他們。在成為耶穌會士三十年（其中有二十年在天主教媒體工作）之後，我藉由許多方式——彌撒、朝聖、演說、避靜、晚餐桌上的談話——與教會領導階層的成員變得非常友好。這些教會領袖是我的朋友，我也倚靠他們明智的建議和牧靈上的支持。

這些年來，我發現了很大的隔閡。我為了在同志基督徒和教會之間沒有更多的了解和對話而感到悲哀。我寧可不要用兩「邊」來描述這兩方，因為每個人都是教會的一分子。但是許多同志基督徒告訴我，他們覺得被教會傷害了——不受歡迎，被排斥，遭受侮辱。

在此同時，許多教會中的人想要接觸這個團體，卻往往感到困惑，不知如何著手。是的，也有些人看起來不想要往外伸展，有些人甚至看起來對同志抱持敵意，但是我認識的主教們都真誠渴望牧靈上的外展。

身為耶穌會士這三十年來，我的工作中比較非正式的一部分，便是嘗試在這些團體之間築橋。但在奧蘭多槍擊事件之後，我想要以更正式的方式來進行這件事的渴望，變得更加強烈。

所以，在奧蘭多的悲劇發生幾星期後，當「新路牧靈服務」（New Ways Ministry，一個服務並支持同志基督徒的團體）問我是否願意接受他們的「築橋獎」（Bridge Building Award）並在頒獎典禮上發表演說時，我同意了。這個獎項的名字啟發了我，描摹出一個「雙向橋」的概念，有助於讓教會和同志群體和解。

這本書的前半部，就是從那次演說的講稿所擴展成的長篇文章。這篇文章鼓勵教會以「尊重、同情、體貼」來對待同志團體（這句話出自《天主教教理》），而同志團體也能以這些美德來反省他們與教會的關係，同樣地以德報德。

在這本書的開始，讓我先講一件重要的事。我了解同志在教會中面對的困難。他們跟我分享了自己受侮辱、被誹謗、被排斥、被拒絕，甚至被解雇的故事。我不想要將那種痛苦輕描淡寫成小事一樁。

譬如說，我最近收到一封美國女性的訊息，問我是否認識她家附近任何一位「有同情心的神父」。她在一家安寧療護中心工作，而當地負責關懷病患的神父，卻拒絕為一位瀕死的男子傅油＊——因為他是同性戀者。所以，我開始希望自己能去領會同志們在某些教會人士身上所感受到的極大痛苦。

我仍然相信，以尊重對待他人，這對同志團體是很重要的——事實上，這對每個人來說都很重要。即使是在他們覺得自己在教會裡像個敵人的那些時刻，這一點也同樣重要。那是身為基督徒的一部分，即使那艱難萬分。

這並不表示當教會需要被批評和挑戰時，人們不能批評和挑戰它。但這一切都應該帶著尊重、同情和體貼來進行。事實上，在處理一般的衝突和歧見時，尊重、同情和體貼的重要性經常被人們所低估，它們是能夠與更寬廣的文化分享的恩賜。這些美德不僅能幫助基督徒，也能幫助所有尋求團結與合一的善意人們。

合一的標記

最近幾年，美國的政治社會形勢變得更加分歧，社會輿論也變得更具爭議性。即便是其他國家，各種各樣的社會、政治和種族團體也一樣在彼此爭鬥，而強烈的程度不僅前所未見，更令人驚駭。

就在不久之前，對立的政黨派系還能客氣地彼此互動，為了大眾利益而合作（當然雙方還是呈現緊張狀態，但其中普遍存在著安靜的禮貌和默默尊重），而今卻似乎只能找到蔑視與敵意。結果是，許多人對於防止社會結構被持續磨耗感到無力，也無法阻擋這樣的分裂所帶來的叫罵、人身攻擊和暴力。

對我來說，以下提到的這幾個因素，都造成了這種分裂及面對這分裂的絕望感：一是社交媒體所創造的同溫層效應（處在其中的人，世界觀鮮少遭到挑戰）；二是專門將複雜的政治時勢過度簡單化，而不時出現謬誤的新聞頻道；三是不在意自己言行舉止可能導致分裂的意見領袖。

正是在這樣的時刻，教會應該成為「合一」的標記——坦白說，不論何時

＊編注：神父為重病或臨終之人所進行的儀式，用油塗抹病人，為他祈禱，給予靈性和身體力量。

都應如此。然而，許多人會看到，教會似乎助長了分裂的趨勢，因為有些基督徒領袖和其會眾在「我們」和「他們」之間劃下了明顯的分界線。但是，唯有在具體實踐尊重、同情和體貼的美德時，教會才能發揮最好的效果。

所以，我希望這本簡明扼要的書能成為提供給整體教會的反思，而不只是提供給那些對同志議題有興趣的人。

必須知道的三件事

有幾件事值得一提。

首先，並非每個教會領導人，都要為沒有關懷善待同志基督徒而受責斥。事實可差遠了。除了我前面已經提過的幾位主教之外，還有數十位牧者溫暖接納同志群體，也有很多堂區*為這個群體提供活躍的外展活動。許多主教和神父——這還不包括執事、修女和修士——應該為了他們對同志基督徒的慈悲服務而受讚揚。

事實上，對非教徒來說，教會最讓人驚訝的層面在於：在許多教區和堂區，有許多針對同志群體的服務，正安靜、低調地進行著。許多同志基督徒熱愛他們的教會，在那裡也感到非常自在。

其次，並不是每個同志都在自我接納上經歷過辛苦掙扎；在現今的時代，逐漸認識到自己是同志的這個過程，比起數十年前要容易些了。

舉例來說，「新路牧靈服務」在巴爾的摩舉辦的聚會中，最感人的一個部分，是現場兩位參加者的相伴同行：一位參加者是十六歲的年輕人，他才剛剛跟自己天主教中學的同學們表明自己是同性戀者；另一位是他的父親，年近五十，他和其餘的家人都張開雙臂，以開放的心胸接納他的兒子。

就在這場活動的下個週末，我去費城的一個教會演講，旅途中有一對兄弟在火車站讓我搭便車。兩人都是二十來歲，其中一位是大學生，他自發地告訴

*編注：天主教教務轄區的最小單位，合數個堂區而為教區，合數個教區而為教省。

我他是同志，而他輕鬆的樣子，顯示出他對自己的性傾向完全感到自在。

所以，我不希望我的評論或本書中出現的聖經章節，隱含著「同志**本來就應該**覺得自己被排斥」的任何訊息。有些同志不受那些負面流言蜚語的干擾，就是相信自己在教會中有一席之地，他們本應如此。然而，對大多數的同志來說，要了解他們能夠以自己的真實面貌為神所愛，並發現自己在教會中的位置，這樣的過程仍是艱難的。

第三，雖然這本書邀請這兩個團體——教會和同志基督徒——以尊重、同情和體貼來走近彼此，教會仍要對這個過程負起更多責任。築起這座橋的主要承擔者，是主教、神父和其他教會成員，他們受邀跨出第一步，也要更加努力去促成和解。為什麼？因為正如我前面提到的，即便有一些同志團體公開以教會為攻擊的目標，但是，是教會讓同志基督徒感到被邊緣化，而非反過來。

順道一提，我使用 LGBT 這個詞彙＊並非表示把其他人排除在外；在我寫書之際，這是最常用的名稱。也可以用 LGBTQ（除了前面提到的之外，加上

Questioning疑性戀、Queer酷兒）或LGBTQA（再加上Asexual無性戀）或是LGBT+這些詞彙。

或許有一天，我們會確定一個更短的縮寫或一個涵蓋所有族群的名稱，但我的目標是可以囊括：所有因為自己的性傾向或性別認同，而使得自己的心靈旅程變得更困難、在教會中也更不易受到接納的人。

一個起點

整體來說，我想要提供一座橋給我們所有的人，然後在本書的後半部，為這座橋提供進一步的支援：對同志基督徒有幫助的聖經章節，以及對這些章節的簡短省思。有些聖經章節在本書前半部就會先提到——例如耶穌醫治羅馬百夫長的僕人，還有耶穌遇見耶里哥城的稅吏長匝凱（撒該）的故事。乍看之

* 譯注：作者原文都用LGBT這個詞，而中文版中除了少數需要清楚指涉的地方，多譯為「同志」，因為在台灣，「同志」一詞可以涵蓋這些族群。

下，你可能會懷疑這些熟悉的故事對同志能有什麼意義，但當你以新的眼光看這些故事時，我希望這會變得更清晰。

我也收錄了其他的聖經章節，我過去的經驗已經驗證，這些章節對同志的靈修旅程是最有幫助的。這些章節也伴隨著簡單的反省和問題，可作為祈禱時的援助。

這些精選的聖經章節和我的個人反省，是寫給所有同志的父母、朋友、支持者，以及整個教會（包括堂區和教區、神父和主教）。畢竟，聖經是為每個人而寫的。我希望這些反思在個人層次和團體層次上都能有所幫助，邀請教會進行團體祈禱、對話、分辨和行動，以及極為重要的——皈依轉化（conversion，一種根本性的轉變）。

在這脈絡中，「皈依轉化」一詞值得我們留意。實際上，我在自己耶穌會士的生活中如此頻繁地使用這個詞彙，以致有時候我忘了這個詞對同志和他們的家人朋友可能帶有不同的意義。我用「皈依轉化」這個詞所表達的是：**我們**

所有的人都蒙受神的召喚去皈依轉化，還有，這是耶穌召喚我們在知性（心智）和感性（心情）上的皈依轉化。

在〈馬爾谷福音〉（馬可福音）中，耶穌最早做的其中一件事，便是呼籲人們「悔悟」（metanoia），這個詞常常翻譯成「悔改」（repentance，馬爾谷福音 1:15），但或許翻譯成「皈依轉化」更為確切。請記住，儘管耶穌大多是以他的母語阿剌美文（又譯作亞蘭文）宣講，福音卻是以希臘文寫成，在希臘文中，metanoia（悔悟）的 meta 意為「在……後」或「超越……」，而 nous 則是「心智」。在耶穌的時代，metanoia 的意思是「在個人心智和心靈上的轉化改變」。

因此，我的意思是，不是只有同志才受召喚去皈依轉化，或是要他們受召喚去做「性傾向治療」——嘗試把同志「改變」成異性戀、已被拆穿是行不通的一套方法。「皈依轉化」是對每個人發出的呼召。

最後，我知道這個主題——在教會中如何對待同志，以及教會要如何接觸他們——對許多人而言是個高度敏感的議題，因為我曾遇到許多同志，也在心靈與信仰方面輔導他們，我知道每個人所處的情境都是獨特的，而這些情境可能充滿很大的痛苦。

所以，如果有任何人覺得我淡化了他們的痛苦、誤解了他們的處境、沒必要地責備他們，或是遺漏了重要的事情沒講，請容我在此道歉。我接觸及服務LGBT群體已有相當長的時間，但是我的經驗還是不如其他直接投入這項服務的人們那麼周延。

也因此，這篇前言並不是橋梁的完整藍圖，沒有築橋的詳細說明，也不能為築好的橋梁鉅細靡遺地做檢查。它只是初步的素描，一個起點，一個提供對話和省思的機會。請不要感到拘束，你完全有自由不同意本書的見解——已經有些人不同意了。也請在你覺得本書有幫助的地方省思一下，而把其餘部分拋在腦後。

所以，我的朋友，我邀請你加入我，走上橋吧。

PART.1

築一座雙向橋

一直以來，同志基督徒和教會之間的關係，時而引起爭議和挑動戰鬥神經，時而溫暖而富於接納。這錯綜複雜的關係有著衝突的特徵，而這種衝突往往來自缺乏溝通，以及同志基督徒與教會之間存在的許多不信任。在這群體和教會之間所需要的，是一座橋。

所以，我想邀請你，在我描述我們可以如何築起那座橋時，與我同行。為了那個目標，我要先省思教會如何往外接觸同志群體，和同志群體如何向外接觸教會——因為好的橋梁會讓人們得以雙向走動。

你或許已經知道，《天主教教理》（以下簡稱《教理》）提到，教徒受召喚要以「尊重、同情和體貼」對待同性戀者（二三五八號）。那可能意味著什麼？讓我們沉思默想一下這問題，以及第二個問題：對同志群體來說，以尊重、同情和體貼來對待教會，又可能意味什麼？

為了回答問題，先定義一下這兩個群體可能會有幫助。當然，同志是教會的一部分，所以某方面來說，這兩個問題隱含著錯誤的二元對立觀念。套用梵諦岡第二次大公會議的說法，教會是全體的天主子民組成的。所以，要討論全體的天主子民要如何跟某部分的天主子民互相建立關係，看起來或許很奇怪。那麼，且讓我以耶穌會士常用的方式，先詳細說明我使用的名詞。

當我在這本書中談到教會時，我意指「體制教會」——也就是指梵蒂岡教廷和教會聖統階層（教宗和樞機主教、總主教和主教、神父和執事們），以及包括平信徒*在內，任何在教會中行使官方權能的工作者。簡而言之，就是我們教會中的決策者。所以，為了這本書討論的目的，「體制教會」不僅包括教宗，也包括擔任某個天主教中學校長的平信徒女士。

還有，我有時候也會說到同志基督徒和非教徒的同志群體。實際上，教會與這兩個群體都有關係，因為教會對同志基督徒所說的，往往也會傳到非教徒的同志耳裡。

*編注：教會中未被授予聖職的一般教徒，又稱為教友、會友、信友。

這是一座擁有雙線道的橋，橋的第一線道是從教會走向同志群體。讓我們先在這條線道上散個步，並且省思：對教會來說，以尊重、同情和體貼來對待同志，可能意味什麼。

第 1 章
尊重：從教會走向同志

首先，「尊重」（Respect）意味著至少認知到同志群體的**存在**，並向這個群體表達每個社群團體都渴望且值得的承認，因為它就在我們當中。

在二〇一六年奧蘭多悲劇發生之後，有些教會領袖講到這事件時，甚至沒提到 **LGBT** 或是「男同性戀」這些詞彙。這顯示出一種缺失——沒能承認這個群體的缺失。但是，這並不是基督徒的模範，因為耶穌承認所有的人，就連在大團體中似乎隱形的那些人也包括在內。實際上，他特別伸出手去接觸那些處於邊緣的人們。因此，基督徒有責任讓**每個人**都感到「被看見」和「有價值」。

承認同志基督徒存在，有著重要的牧靈意涵。它意味著對這個群體實踐服務，而有些教區、堂區和學校已經這麼做，還做得很好。具體的例子包括與同志小團體一起舉行彌撒（禮拜），支持贊助教會外展的活動計畫，並且幫助一般同志基督徒感受到自己是教會的一部分，是受歡迎且被愛的。

有些基督徒反對這種接觸途徑，並宣稱任何對同志團體的外展接觸，都是在默許和支持同志群體中每個人所說的每一句話、所做的每一件事。這種反對是不公平的，因為實質上來說，這些人沒有對其他任何團體提出這種論調，只針對同志群體。

舉例來說，某個美國教會支持一個專門接觸基督徒企業家的外展團體，這並不意味著教會同意美國商業界的每一項價值，也不意味著教會已經聖化了每個企業界人士的一言一行。沒有人會提出那種說法。為何不會呢？因為人們了解教會是在嘗試幫助那個團體的成員，讓他們覺得與自己的教會更加相互關連，並且藉著洗禮歸屬於這個教會。

從洗禮來尊重

讓我在這裡暫停一下，指出這篇討論中洗禮的重要性。《教理》以絕妙的語詞說：「聖洗聖事是整個基督徒生命的基礎，通往在聖神（聖靈）內生命的大門。」（一二一三號）洗禮的重要性絕非被高估，它收納我們進入教會。

對所有的基督徒（包括同志基督徒）來說，在生命中把握住洗禮的重大意義，以及它如何確保了他們在教會中的地位，是至關重要的。

不久之前，在我位於紐約市的本堂教會，一個主日彌撒（禮拜）開始時，主禮神父宣布將有一場洗禮。神父得宜地將洗禮的禮儀交織在彌撒更大的脈絡之中，在指定的時刻，當他把水倒在孩子頭上時，唸出那自古相傳的不變字句：「我因父、及子、及聖神之名給你付洗。」然後他將孩子舉得高高地，並且說：「歡迎加入基督徒團體！」

那一刻，教堂風琴有力地奏起復活節聖歌〈戰事告終〉（The Strife is O'ver）

的最初幾個音符，開始唱出「阿肋路亞！阿肋路亞！阿肋路亞！」（哈利路亞！哈利路亞！哈利路亞！）的響亮歌聲。在那一刻，我心想著：「是的！這是改變生命的一刻，為這孩子，為這家庭，為這教會，還有為整個宇宙。一個新人受歡迎接納進入了教會。天上確實在大聲吶喊著：阿肋路亞！」

我立即想起了同志群體，以及人們多麼經常告訴他們說他們不屬於教會。但是基督親自召喚他們進入教會——直到永遠。所以當同志對我說有人告訴他們，他們不是教會的一員時，我常會說：「你領過洗。你在自己的教會中有一席之地，就如同教宗、當地的主教，或是我一樣。」

尊重同志基督徒的第一個部分是：因他們所受的洗禮，把他們視為教會的完整成員來對待。

從稱呼來尊重

其次，尊重意味著「以一個團體希望被稱呼的名字來稱呼它」。在個人層次上，如果有人說「我比較喜歡人家稱呼我吉姆而非詹姆士」（吉姆是詹姆士的暱稱），你自然會聽從，以他喜歡的名字來稱呼他。這是共通的禮貌。

在團體層次上也一樣。我們不再使用陳舊且冒犯人的「黑鬼」一詞了，為什麼？因為那個團體對另外的名字感覺比較舒服，像是「非裔美人」或「黑人」。最近，有人告訴我「殘障者」不像「身心障礙者」那麼為人所接受，所以現在我改用後面這個名稱了。為什麼？因為以人們自己選擇的名稱來稱呼他們，才是尊重的態度。每個人都有權利以他們願意的名字被人稱呼。

這不是小事。在猶太教和基督宗教傳統中，名字是重要的。在舊約聖經中，神給了亞當和厄娃（夏娃）權柄，為各種生物命名（創世紀 2:18-23）。神也將亞巴郎（亞伯蘭）重新命名為亞巴辣罕（亞伯拉罕）（創世紀 17:4-6）。

在希伯來聖經中，名字代表一個人的身分認同；某種意義上，知道一個人的名字表示你認識這個人，你與這個人有某種程度的親近，甚至你對這個人有某種影響力。那便是為何當梅瑟（摩西）要求知道神的名字時，神說：「我是自有者。」（出谷紀／出埃及記 3:14-15）——把這個答案換句話說，就如我的舊約教授向我們班解釋的：「不干你的事。」*

其後，在新約聖經中，耶穌給西滿（西門）重新取名為伯多祿（彼得）（瑪竇／馬太福音 16:18；若望／約翰福音 1:42），迫害者掃祿（掃羅）將自己改名為保祿（保羅）（宗徒大事錄／使徒行傳 13:9）。今日在我們的教會中，名字也是重要的。在天主教會的嬰兒洗禮中，一位神父或執事首先問父母的問題就是：「你給這孩子取什麼名字？」

名字很重要，所以我在此邀請教會領袖，去留意他們如何稱謂同志群體。所以，讓我們把諸如「受同性吸引所苦」這類過時的詞語放到一旁吧，我認識的同志沒有人會用這種說法，甚至連「同性戀的人」對許多人來說都過於帶有臨床診斷的味道了。如果教會執意要用同志群體聽了會覺得帶有侮蔑意味的語言，他們如何聽得下去呢？

一如其他的所有主題，在這個主題上，我們也可以向耶穌尋求指引。

想想耶穌對他那時代的人說話的方式。尤其是在對觀福音★中所記載的，耶穌運用他的跟隨者所能了解的語言，為他們的情境量身訂做的字彙和詞語。

舉例來說，當他初次遇到正在加里肋亞（加利利）捕魚的門徒們，他並沒有像個木匠那樣對他們說話——譬如說「讓我們來建造神的房屋」或「讓我們為神的國奠定基礎」之類的話。相對地，木匠耶穌用他們的語言——也就是漁夫的語言——對他們說話，他說：「來跟隨我！我要使你們成為漁人的漁夫。」（馬爾谷／馬可福音 1:6-20；瑪竇／馬太福音 4:18-22）

對話開始於認知到**如何與另一個人說話**。對待同志群體，我們需要特別留意這點。正如美國主教團會議在他們一九九七年的牧函〈永遠是我們的孩子〉中，對同志基督徒的父母說：「語言不應成為建立信賴和真誠溝通的障礙。」

*譯注：「我是自有者」英文是**I am who I am**，可以譯成「我就是我」，因此，作者的舊約學教授做上述的詮釋，意即神保留對自己名字的權力。

★瑪竇（馬太）福音、馬爾谷（馬可）福音和路加福音。

此外，還有一個常被忽視的反諷性稱呼——「同性吸引」。這是一些傳統派基督徒現下喜歡用的一個詞語，他們反對用「同性戀者」、「同志」或LGBT這樣的名稱，說這是因為那些名稱只根據個人的性慾望來認定他們。但是，「同性吸引」這個名稱也正是這麼認定人的。而且，「同性吸引」還包含了「性」這個字，由此衡量，這幾乎不可能是一種比較改善的說法。我一直在猜測，抗拒使用「同性戀者」、「同志」和LGBT這些名稱，只是出於這些是同志們偏好使用的詞語，所以，使用它們被視為一種「妥協」。

我不是唯一支持以人們自己選擇的名字來稱呼他們的人。二〇一七年，芝加哥總主教布雷瑟．邱琵奇樞機在一場公開演講中回應問題時，曾說：

我們一直想要確保，藉由這樣的說法來開始對話：所有的人都有價值，他們的生命應受尊重，我們應尊重他們。那便是為什麼我認為「男同性戀者」和「女同性戀者」和LGBT這些名詞，所有那些人們用來稱呼自己的名字，都應該受到尊重。我們應該以人們想要被稱呼的方式來稱呼他們，而不是想出一些自己覺得比較舒服的名詞來稱呼他們。既然如此，就從這一點開始。

那麼，讓我們把同志群體中沒有人在用的詞語放在一邊吧。相對地，讓我們聽聽我們的男同志弟兄、女同志姊妹和跨性別手足們喜歡怎麼稱呼自己。男同志、女同志、LGBT 和 LGBTQ……這些名詞都在最普遍的名稱之列，但我不是在指定要使用什麼名稱，而是在邀請教會領袖去認知，人們有權利為自己命名。使用那些名字，是尊重的一部分。

如果在方濟各教宗任職期間，他和他的樞機主教及主教都能用「同志」這個詞彙，而且不只一次這麼做，教會其他人也能這麼做。

從承認恩賜來尊重

尊重也意味著**承認**同志基督徒（無論個人或團體）為教會帶來了獨特的天

賦恩賜。這些恩賜以特別的方式建立起教會，正如聖保祿（保羅）將神的子民比擬為人類身體時所寫的那樣（格林多／哥林多前書 12:12-27），身體的每個部分都是重要的：手、眼、腳。實際上，如保祿所說，那些「我們以為是身體上比較欠尊貴」的肢體，正是值得更加尊重的部分。

許多同志確實感到在教會中「比較不尊貴」。在最近一次的教會演說中，主持人請在場的同志基督徒舉手。許多手舉了起來，好似一片森林。然後主持人問：「你們有多少人曾感到在教會中被排斥？」沒有任何一隻手放下。

跟隨著聖保祿的腳步，對這些神所愛的肢體以及他們了不起的天賦才華，我們更應該報以**更大的尊重**。聖保祿寫道：「我們以為是身體上比較欠尊貴的肢體，我們就越發加上尊貴的裝飾。」

想一想，在教會、學校、主教辦公室、靈修中心、醫院和社會服務機構工作的那些同志基督徒，他們為我們帶來的許多禮物。讓我們如聖保祿所說的，「尊敬」他們。舉幾個例子，在我將近三十年的耶穌會士生涯中，我所認識最有天賦的音樂服事者，其中有幾位是男同志，他們一週又一週、在每個禮儀節期給教會帶來了絕妙的喜悅。此外，有好幾年，我與一位女同志在一項耶穌會的服務中共事，她為這份工作帶來才智和愉悅的無盡富藏。

我最喜愛的靈修輔導員（也就是幫助你留意神在你祈禱及日常生活中臨在的人）當中有一位是男同志，還有另一位是女同志。他們的明智忠告及耐心聆聽，對我的幫助遠遠超過我所能表達的。那些忠信、思慮周詳、聰穎、投入和仁愛的同志們，以數不清的方式豐富了我的靈性生活。

在此，我邀請教會全體來沉思：同志基督徒如何以他們的存在為教會做出建樹，就像長者、青少年、婦女、身心障礙者、各種族裔團體或其他任何團體去壯大一個教會一樣。雖然概括的推斷有時會出錯，我們仍可以提出這個問題：那些禮物可能是什麼？

同志當中，就算不是大多數，也有許多人從早年開始便忍受過誤解、偏見、仇恨、迫害，甚至暴力，因而對那些邊緣人會生出一種出於自然的憐憫。

他們的憐憫是一份恩賜。他們往往在自己的教會中因人們的對待而感到不受歡迎，但他們因為充滿活力的信心而堅持不懈。**他們的堅忍**是一份恩賜。他們常常寬恕那些把他們當成瑕疵品對待的神職人員和其他教會成員。**他們的寬恕**是一份恩賜。

憐憫、堅忍和寬恕都是恩賜。

我們還可以加上其他適用於更特定的服務工作的恩賜。最近，有一位與身障者一起工作的女性告訴我，她相信有些同志可以成為跟這些人共處最好的外展社工。為什麼呢？身為一名社工，她這麼猜想：「同志長久以來遭人評判，所以他們在服務工作當中接觸人時，不會帶任何評判。」在她的經驗中，許多人容易去評判那些有身障的人，而在同志身上，她看到他們似乎比較不受這種想法影響，不會本能地想去評判他人。

有些同志基督徒也是他們社群中最有效能的福音傳播者。在一次教會演說中，一位女同志應邀回應我的演講，而當她說，最困難的挑戰不是在她的基督徒朋友前出櫃坦承自己是女同志，而是「在她的同志朋友前出櫃坦承自己是基督徒」，引起滿堂笑聲。

對她的同志朋友來說，她成了基督信仰的某種宣傳大使，這些朋友中有些人對教會心存懷疑，然而對她來說，教會是一個家。在此同時，她也幫助教會反省同志在它當中的位置。我的另一位女同志朋友稱這過程為「雙重福傳」。

獨身守貞的恩賜

讓我加上另一份恩賜：獨身的男同志神父與修士，還有守貞的男同志或女同志的修會成員。

現在，幾乎沒有男同志的神職人員及男女同志的修會成員公開自己的性傾向，這有許多理由。以下是其中的一些例子：他們是注重隱私的人；主教或修會長上要求他們不要公開講論這事；他們對自身的性傾向感到不自在；或者是他們懼怕堂區教友或自己服務的人們知道後會採取抵制行動。

但是，有數以百計、甚至數以千計聖潔的男同志神職人員和男同志、女同志修會成員，他們勤奮工作，活出他們的獨身承諾和貞潔誓願，並且幫助教會擴展、壯大。

有時候，我提到這一點會讓人們驚訝，或者觸怒他們。但我並非在說激烈偏頗的言論，我只是在陳述一項事實：我認識許多獨身的男同志神父、貞潔的男同志修士，以及貞潔的女同志修女。有時候，他們擔任過我的靈修輔導員、我的告解神師，甚至我的修會長上。他們中有些人是我遇見過最聖善的人。說我認識他們，就像是說我在天空中看到太陽——就是這麼簡單的事實。

這些男性和女性平白地將自己獻給教會。他們本身就是恩賜。

看見、稱呼、尊敬這些恩賜，是尊重我們的同志兄弟姊妹的要素。還有以下這項也是：視他們為神所愛的子女而接納他們，並**讓他們知道**自己是神所愛的子女。這些人往往因為遭到不當對待——無論是家人、鄰居或宗教領導者的對待——而覺得自己是瑕疵品、不值得接受服務，甚至自認是次等人類。而教會有特殊的召喚，要向這群子民宣揚神的愛。我在此邀請教會，去宣揚並顯示同志是神所愛的子女。

聖善的同志

就像我們所有的人一樣，同志也受召喚去活出聖善的生命，將這點謹記在心是很重要的。「聖德」是一個沒被足夠運用在同志身上的詞彙，但是梵蒂岡第二次大公會議講到「成聖的普遍召喚」，也就是每個人都有成聖的召叫。正如加爾各答的德蕾莎修女喜歡說的：「聖德是每個人的義務。」而我還想加上：「也是每個人的喜悅。」

同志就如我們所有的人一樣，都蒙召喚成為聖者。

因此，我們也要考量這個事實：有些聖人或許也是同性戀者或雙性戀者*。

*譯注：作者在此處是指他們的性傾向，而非實際作為。

是的，我知道以前沒有那些詞彙，最近人們才使用它們，而同性戀的現代概念也是比較晚近才建構起來的文化，但是倘若人類當中有一定少數比例的人是同性戀或雙性戀，那麼，聖人當然也是人，因此在數以千計的聖人當中，有一定少數比例的人是同志，這在理性上也站得住腳。而聖德寓居於人性中。

換句話說，在聖人當中，有些人可能會受到相同性別的人所吸引。那並不等於說他們會基於性渴望而採取行動，但依照這個邏輯來設想——從數千位聖人中只舉出一個例子——許許多多被封聖的神父、修士和修女，他們忠實地活出了自己的獨身承諾和貞潔誓願，但他們當中的一些人，確實有可能經驗過同性之間的吸引力。

哪一位呢？很難說。受限於過去對同性戀的了解、承認和討論極為缺乏，要具體說出一位聖人或許是不可能的。雖然如此，在我心中，有些聖人似乎就是我們今日所稱的男同志或女同志，至少基於他們的寫作和我們所知的生平可以這樣推測。但我必須再次說明，這很難確實認定。

我們可以留意一下，當代有幾位知名的聖善者，他們也是同志。目前為止，很明顯地，我在生活中認識許多聖善的同志。在更公眾的範疇也有，像是方濟會士米開爾・朱掬（Mychal Judge, OFM），他是消防隊的牧靈神父，也是美國九一一攻擊事件中的英雄。朱掬神父是這個攻擊事件中紐約市官方公佈的第一位遇難者，他無私地衝進世貿中心雙塔中的一座，去幫助那些救援人員而罹難。他就是一位獨身的男同志神父。

我如何得知他是男同志？不僅基於他的個人傳記（麥可・福特〔Michael Ford〕所著的《米開爾・朱掬神父》〔*Father Mychal Judge*〕和麥可・達利〔Michael Daly〕寫的《米開爾之書》〔*The Book of Mychal*〕，還有其他書籍），也要感謝我所認識的好幾位他的方濟會兄弟。

或者，我們可以再想到一位，荷蘭籍神父及心理學家亨利・盧雲（Henri Nouwen）。他對於靈修生活富於洞察力的著作，像是已成當代經典的《浪子回頭》（*The Return of the Prodigal Son*），對數百萬讀者有著不可估量的幫助。他在生命的尾聲，如湍流般相當突然地愛上另一位男士。

我如何得知盧雲神父是同性戀或雙性戀？再一次，不僅根據傳記和文章（麥可·福特的《負傷的治癒者》〔*Wounded Prophet*〕以及羅伯·約拿斯〔Robert A. Jonas〕所編的《亨利·盧雲精選集》〔*The Essential Henri Nouwen*〕），還有，我認識他愛上的那位男士。

這些人是被封聖的聖人嗎？很難說*，但要論理的話，我要說他們確實是聖善的，也因為如此，他們向我們顯示出一個人可以是同志，也同時是聖善的。

當我提到這點時，很多人表示很驚訝。但他們為什麼驚訝？因為他們認為男同志不可能是聖善的嗎？有些人感到被冒犯而不快。但他們為什麼不快？身為同性戀者不是罪，而且從所有報導記述中可以看出，朱掬神父持守了貞潔誓願，盧雲神父也守住了獨身的承諾。

那些為此驚訝的人，當他們在天堂裡遇到為數不少的同志聖人跟他們打招呼時，可能也會非常驚訝。而那些感到被冒犯的人，他們的冒犯可能會被同樣的那些聖人所寬恕。

教會組織的尊重

讓我們回到尊重的概念。

這份尊重也應該延伸到工作場所，尤其是教會或與教會相關的機構。最近某些地方解雇同志的趨勢讓我感到心寒。根據「新路牧靈服務」的資料，自二〇一〇年以來，在美國的天主教機構有將近七十個人，只因為他們的性傾向而遭到解雇、被強迫辭職、工作機會被取消，或是工作可能不保——這往往發生在他們已在這個職位上好些年，而身為同志的事實被人知道之後。據「新路」成員所說，這個數字只包括了檯面上大家已經知道的那些人而已，還有許多其他案例是透過私下傳聞才知道的。

＊譯注：盧雲神父尚未獲此殊榮，但朱揥神父於二〇〇二年被封聖。

當然，教會組織有權要求他們雇用的人員遵從教會的教導。問題是，這權威是以一種高度選擇性的方式來行使運用的。近年來，幾乎所有的解雇案例都是針對同志相關的事情。特別是同性婚姻，因為它違反教會訓導，所以被解雇的情況通常都是：一對伴侶走入同婚，而其中有一方在教會中有著公眾角色或職務。

但是，倘若「謹守教會訓導」成為教會機構雇用人的試金石，那麼教會的做法必須前後一致、沒有差別。我們會解雇一個離婚又再婚的異性戀者嗎？如果這個人之前的婚姻並沒有被宣布無效，那種情況下的離婚與再婚是違反教會訓導的。事實上，離婚是耶穌本人禁止的事（瑪竇／馬太福音19:8-9）。我們會解雇育有非婚生子女的女性或男性嗎？在正式結婚前便先同居的伴侶又如何？我們會給節育的人解雇通知嗎？所有這些行為都違反了教會訓導。

那教會中不是基督徒的職員呢？如果我們要解雇所有不同意遵循教會訓導的職員，那麼在天主教機構中，我們要解雇所有的新教徒，只因他們不相信教宗的權威嗎——那可是一項重要的教會訓導。我們會解雇所有泛神論的人，因為他們不相信三位一體的神嗎？我們要解雇所有不相信耶穌、不相信道成肉身或復活的職員嗎？我們要解雇所有懷疑或不相信神存在的不可知論者和無神論者嗎？

我們會為了這樣的原因解雇這些人嗎？不會，我們不會這麼做。為什麼不會？因為關於哪些教會訓導很重要，我們是選擇性的——或許出於無意識，也或許是有意識地這麼選擇。

此外，還有另一種方式來看這種選擇性，會讓我們明白這種選擇性為何特別有問題。在更基礎的層次上，要求教會雇用的人遵從教會訓導，便意味著要遵從福音。如果標準要一致的話，我們難道不應解雇沒有幫助窮人的人、不原諒他人的人，或是不仁愛的人嗎？不應解雇刻薄冷酷的人嗎？

這聽起來可能很奇怪，甚至可能會使你翻白眼，但為什麼呢？耶穌的這些命令是最重要的教會教導。

有些人可能會爭辯說，後面講的那些標準不能強加於人，因為譬如說，刻薄冷酷不像同性婚姻那樣，它不是「公開的罪」，也不會導致「公開的醜聞」。但是，任何一個曾在專業環境——包括教會、主教公署、靈修中心、醫院或學校——工作過的人都會告訴你，刻薄冷酷是非常公開的舉動。而且在我心目中，在教會機構工作而同時又是個刻薄冷酷的人，這確實是「公開的醜聞」。

事實是，我們沒有選擇把焦點放在那些部分上。

在解雇人時把焦點放在同志的事情上，這樣的選擇性，用《教理》的話來說，是「不公平的歧視」（二三五八號），是我們應該避免的事。確實，在二〇一六年，《美洲雜誌》（*America*）曾發表一篇社論說：「這些解雇事件引起公眾矚目，加上缺乏正當應有的過程，也沒有對異性戀雇員婚姻狀態可類比的管制，已構成『不公平的歧視』，美國的教會應更盡力來避免這樣的事情發生。」

對這個現象，一位年輕男同志曾與我分享另一個觀點。他懷疑，這種選擇性之所以會產生，不僅是因為恐同，也因為異性戀的男女從未被迫思考如果他們自己是同志，情況會是怎樣。因此，對他們來說，譴責同性戀比較容易，因為他們認為自己永遠都會是異性戀者。他在一封電郵中寫道：「他們永遠不可能在宣講『有罪的同性戀生活方式』時表裡不一，因為他們永遠不用擔心自己身處這個誘惑所在的地方。」

他相信，那就是為何眾多焦點都匯聚在這個議題，而非其他的性道德議題（諸如婚前性行為和離婚）的一個原因。異性戀的男女確實有可能進行婚前性行為或尋求離婚，但他們在譴責同性戀這件事上是安全無虞的，因為這永遠不會是他們要面對的一個考驗。這是個有趣的論點，值得我們考量。

第2章 同情：從教會走向同志

對教會來說，對同志心懷同情意味著什麼？

「同情」（Compassion，源自希臘文的 paschō）意謂「與……一起經驗」或「與……一同受苦」。所以，對教會來說，不單要尊重同志基督徒，還要與他們一起經驗生命，甚至與他們一起受苦，這意味著什麼？

這問題可以向神職人員提出來，也可以向整個教會提出來。可以拿來問主教和神父，也可以問牧靈工作者、宗教教育導師、音樂服事者、教師、管理者，還有那些並未在教會中擔負正職、但有參與教會生活的忠實信徒——也就是教會中形形色色的男女。我們所有的人要如何與同志兄弟姊妹一起經驗、一起受苦？

首要的要求便是**聆聽**。倘若你不去聆聽一個人的心聲或者不問他任何問題，就不可能體驗到這個人的生命，也不可能對其有同情憐憫之心。

教會領袖可以問自己的同志教友的問題是：

- 身為一個同志男孩／同志女孩／跨性別者，成長的過程是什麼樣的經驗和感受？
- 現在你的生活過得怎麼樣？
- 因為你的性傾向或性別認同，你曾經歷過如何的痛苦？
- 你在生命中的什麼地方經驗到喜樂？
- 你對神的經驗是什麼？
- 你對耶穌的經驗是什麼？
- 你對教會的經驗是什麼？

- 你盼望什麼、渴望什麼、祈求什麼？

他們也可以問同志基督徒的父母這些問題：

- 對你來說，有個同志孩子是什麼樣的感覺？
- 當孩子跟你分享自己的性傾向或身分認同時，那讓你有什麼樣的感覺？
- 現在你與你的孩子關係怎麼樣？
- 你在教會中感覺受歡迎嗎？
- 你曾懼怕過你的孩子會離開教會嗎？如果你的孩子已經離開了，你如何面對這事實？
- 為了你的孩子，教會要怎麼做才能成為一個更接納歡迎的地方？
- 你自己對神的經驗是什麼？
- 為了你和你的孩子，你盼望什麼、渴望什麼、祈求什麼？

為了讓教會施行憐憫與同情，我們需要聆聽。當我們聆聽時，我們會學習，會受挑戰，而且我們會得到啟發。

發人省思的眞實故事

讓我分享六個非常簡短的故事，這些故事邀請我們所有人去聆聽。

我來往最久的老朋友當中，有一位男同志馬克，他一度是天主教修會的成員。大約二十年前，馬克離開了修會之後，出櫃表明自己是男同志，並開始與他的伴侶一起生活。現在他們已合法結婚。他的伴侶長期罹患嚴重的疾病，而馬克多年來不離不棄，熱忱而仁愛地照顧他。

關於愛，我們能從馬克身上學到什麼？

一位老先生告訴我，他的孫子最近出櫃向他坦承自己是同性戀。我問他回應時說了什麼。他說自己懷疑孫子是同性戀已有一段時間了，所以當他的孫子坐下打算告訴他時，年輕人甚至一個字都還沒說出口，這位爺爺就說了：「無論你要說什麼，我愛你。」

關於同情，我們能從這位爺爺身上學到什麼？

我在費城一所天主教大學演講之後，一個年輕人告訴我，他出櫃表明男同志身分的第一個人，是位天主教的神父。在一次中學靈修活動中，他決定公開承認自己的同性戀傾向，但他是這麼緊張，以致他的身體「真的在顫抖」。這位神父向他說的第一件事便是：「耶穌愛你。你的教會接納你。」這位年輕人告訴我：「這話救了我的命。」

關於接納，我們能從這位神父身上學到什麼？

我在康乃狄克發表一場演講後，一位髮絲雪白而雙頰如蘋果般紅潤的八十多歲老婦人來到我的簽書檯，她說：「神父，我有話想跟你說。」這場演講是聚焦在耶穌，而非特別在談同志議題。我想她或許會跟我分享關於耶穌的洞見，或是告訴我她去過聖地朝聖。但她卻說：「神父，我有個跨性別的孫兒。我很愛她。我只想讓她感覺在教會被接納歡迎。」

關於信仰，我們能從這位奶奶身上學到什麼？

在波士頓一個教會，一位男同志和一位女同志應邀「回應」我關於同志基督徒的演講，以促成真實對話的精神。這位名叫麥琪的女同志選擇討論本書結尾的一個反省題：「當你想到自己的性傾向或性別認同時，你會用什麼詞彙來稱呼？」

我的原意是邀請讀者省思關於名字和稱呼的聖經章節，並鼓勵他們「命名」自己的性傾向。所以我預期的答案可能是「男同志」、「女同志」、「跨性別」之類的詞彙。但那一晚，在那個教會中，麥琪說當她讀到那個問題並回想自己的性傾向時，她想到的詞彙是「喜樂」。這真是個驚喜！

關於性傾向，我們能從麥琪身上學到什麼？

或許最大的驚喜是：在波士頓的同一個晚上，一對伴侶在演講後留下來等待簽書。一位是「跨性別的女性」——也就是，一個生命開始時是男人的女人。另一位是「順性別的女性」——也就是，她出生時是女人，現在也仍是女人（如我先前提過的，我一直試著留意當代的專門用語，縱然我也認知到這些用語很快就會過時）。

這位順性別女士告訴我，她們兩人結婚多年了，這讓我困惑，因為在麻薩諸塞州，同性婚姻合法化並沒有那麼久。她感受到我的困惑，笑著說：「我跟她結婚時，她還是個男人。」

我吃驚到說不出話了。在這裡的顯然是一位異性戀女子，她與一位異性戀男子結了婚，而他現在成了個女人。她是怎麼做到的？她說：「愛就是愛啊。」

我猜想，幾乎所有的教會成員可能都會認為，這樣的婚姻是「不正常的」（irregular）。但它卻是個忠實的典範。即使一位伴侶「性別轉換」了，婚姻仍然沒有損毀。

關於忠誠，我們能從她們身上學到什麼？

聆聽同志的痛苦

為了要真正學習，我們需要聆聽。

當我們細心聆聽，便會聽到求助和祈求的呼喊，尤其是在迫害發生的地方。當我們的同志兄弟姊妹受迫害，教會領袖受召喚去和他們站在一起。

在這個世界的許多地方，同志很容易經驗到駭人聽聞的偏見、暴力，甚至殘殺事件。對同志的「圍捕」經常在一些國家發生，諸如印尼、埃及、亞塞拜然和車臣。在某些國家，身為同志或與同性發生關係的人可能會被監禁，甚至被處決。我在寫這本書時，超過七十個國家將同性關係視為罪行，而在十三個國家，同性戀或是雙性戀者可被判處死刑。

在這些國家，教會有絕對的道德義務，公開為我們的兄弟姊妹挺身而出。但可悲的是，這並不常發生，事實上，有幾位教會領袖還支持這些歧視性法律當中的一部分。但是，和我們的同志兄弟姊妹站在一起，是基於教會訓導的一個召喚。《天主教教理》說：必須避免「任何不公平的歧視」（二三五八號）。更基本地說，幫助、保衛、照顧某個挨打的人，確實是同情的一部分。這是身為耶穌基督門徒的一部分。若是你懷疑這點，想一想善心的撒瑪黎雅人（撒馬利亞人）的比喻（路加福音 10:25-37）。

更一針見血地說，對美國教會而言，在有需要時，說出「這樣對待同志群體是錯的」意味什麼？教會領袖經常發表聲明——這是他們應做的——來護衛尚未出生的胎兒、難民和移民、窮人、無家可歸者、年長者。這是與人們站在一起的一種方式：即便承受壓力，仍為他們挺身而出。

但是，特別支持我們的同志兄弟姊妹的聲明在哪裡呢？當我這樣問時，有些人說：「你不能把難民面對的困境跟同志面對的相提並論。」身為曾跟東非難民一起努力工作了兩年的人，我知道情況常常是那樣沒錯。但是，在同志青年當中不成比例的高自殺率，還有在這個國家，同志成為仇恨罪行的受害者的比率多過其他團體，也是重要而不容忽視的事實。

「特雷弗專案」（The Trevor Project）是一個幫忙預防同志青少年自殺的組織，這提醒了我們這是「生命議題」，這裡有些來自這個組織的統計數字：

- 與異性戀青年相比較，女同志、男同志和跨性別的青年，曾嘗試自殺的人數將近**五倍之多**。
- 女同志、男同志和跨性別青年認真考慮自殺的人，幾乎是異性戀青年的**三倍**。
- 來自「高度排拒」家庭的女同志、男同志和跨性別青年，嘗試過自殺的比例，約莫是「不排拒」或「排拒程度低」家庭的同志同儕的**八．四倍**。
- 在一項國家研究的報告中，**百分之四十**的跨性別成人曾試圖自殺，而這些人中，有**百分之九十二**是在二十五歲之前嘗試自殺。

- 讓女同志、男同志和跨性別青年成為受害者的每個事例，例如身體的騷擾、言語騷擾或折磨虐待，平均增加自殘行為的可能性是**二．五倍**。

在學校對同志學生的霸凌，也是應該直接反對的惡行，尤其是鑑於教會在經營小學、國中及高中上有長期的歷史和廣泛的經驗。

GLSEN 這個在美國倡導保護同志學生的團體，報告了以下有關於國中和高中的同志學生這些令人警醒的統計數字：

- **百分之八十五**的人報告曾受言語騷擾。
- **百分之六十三**的人報告他們從教師或學校職員那裡聽到恐同的言論。
- **百分之五十七**的人因為自己的性傾向而感到不安全。
- **百分之五十七**的人未曾提報自己受到霸凌，因為他們對於校方是否會干預感到懷疑。

- **百分之六十三**的人確實提報了自己受到霸凌的事，但校方沒有採取任何行動，或者告訴他們就當沒這回事。

如我之前提過的，在二〇一六年奧蘭多男同志夜店的屠殺事件之後，當全國各地的同志群體正在哀痛之際，我對於沒有更多主教立即發出支持的訊息感到沮喪（當然，有些主教有這麼做）。

但是想像一下，倘若攻擊是發生在一個衛理公會教堂（但願這永遠不會發生），情況又會是如何。許多主教一定會說：「我們與衛理公會的兄弟姊妹站在同一邊。」為何沒有更多教會領袖說「我們在奧蘭多的同志兄弟姊妹」呢？對我來說，這看來就是沒能同情的缺失，沒能與他們一起經驗，沒能與他們一同受苦。奧蘭多事件邀請我們所有的人反省這點。

奧蘭多事件也邀請我們反省這些缺失的底蘊。正如波士頓大學道德神學教授詹姆士・基南神父（James F. Keenan, SJ）經常在我們研究所課堂上指出的，耶穌往往不批評那些軟弱但努力嘗試的人，相反地，耶穌批評那些強壯卻懶得去做的人。例如，懶得幫助他家門口窮人的那個富翁（路加福音 16:19-31）、不願費心考慮在安息日有人需要醫治的那個宗教領袖（路加福音 13:10-16），以及懶得好好歡迎耶穌的法利塞人（路加福音 7:36-45）。

如基南神父所說的，對耶穌而言，罪是「不願費心去愛的缺失」。我想，在奧蘭多事件中，許多教會中的人沒能費心去愛。我們有多常犯這種不願費心的過失？

與所有邊緣族群在一起

我們不需要打著燈籠去找個榜樣，才能朝著愛前行。藉著耶穌，神已經為我們這麼做了。〈若望福音〉（約翰福音）開場的幾行告訴我們：「聖言成了血肉（道成了肉身），居住在我們中間。」（1:14）這段話希臘文更確切的翻譯是：「聖言成了血肉，在我們中間搭起帳篷（*eskēnōsen en hēmin*）。」

這不是一句美麗至極的話嗎？神跟我們在一起，搭起祂的帳篷。神進入我們的世界，住在我們中間。這正是耶穌的所作所為。他與我們同住，站在我們這邊，甚至像我們一樣死亡。

這是教會受召喚去做的，跟所有邊緣族群一起，如方濟各教宗提醒我們的，去包容接納同志基督徒——去體驗他們的生命，與他們一起受苦。二〇一五年，方濟各教宗對著一群新任命的樞機主教在一篇講道中說：「最重要的是向外伸出手，去救那些遠離的人，醫治病人的創傷，讓每個人都回到天主的家庭。而對某些人來說，這竟是令他們反感的事！」

你能與我們的同志兄弟姊妹一起歡欣嗎？整個教會——從教宗到主教到神父到牧靈同儕到堂區教友——能夠因同志基督徒所帶來的天賦與才華、喜樂與希望、熱忱與精力而歡欣鼓舞嗎？

我發現，年輕的同志們對信仰特別有熱忱，或許這是因為他們跟年長的兄弟姊妹不一樣，是在對自己的性傾向感到更自在的社會中成長的，所以性方面的身分認同對他們感覺沒那麼沉重（這只是我的推測）。總體來說，在教會中活躍的年輕同志帶來了許多恩賜，這些是我們能夠讚揚並珍視的。

我們可以讚揚並珍視的，不只是同志基督徒的天賦恩賜而已。我們還可以讚揚和珍視**他們本身**。這也是一種同情的表現方式——分享他們整個生命，並體驗到男女老少同志們所帶給教會的，屬於基督徒的喜悅。

第3章 體貼：從教會走向同志

教會能如何體貼地對待同志？「體貼」（Sensitivity）是《天主教教理》所用的一個美麗詞彙，我的韋氏辭典將這個詞定義為「對他人感受的覺察或了解」。那關乎方濟各教宗所呼籲的，教會要成為「相遇」和「陪伴」的教會。

首先，想要明白另一個人的感受，卻離他離得遠遠地，這幾乎是不可能做到的事。倘若你不認識一個群體，你就不能了解這個群體的感受。如果你不**認識**他們，而只是發出關於同志群體的公文、在講道中說到關於他們的事、在推特上發布關於他們的話題，你就不能**體貼**同志群體。

基於我的觀察，教會對於「體貼同志」感到掙扎的一個理由是：許多教會領袖仍然沒有認識多少男同志和女同志。或許有人可以笑著說教會領袖確實認識一些同志——沒有公開自己性傾向的神父和修會成員——但我這裡討論的是更大的範疇。

許多教會領袖並未在**個人層次**上認識那些公開自己性傾向和身分的同志。在缺乏熟悉和友誼的情況下，要體貼就變得更加困難。若是你不認識這些人，如何能夠敏感地體貼他們的處境？既然如此，對於教會聖職人員的一個邀請便是：漸漸認識同志基督徒，與他們成為朋友。

這種缺乏熟悉和友誼的情況，背後是有原因的，而有些原因很容易理解。我有個朋友，是一位名叫布萊恩的男同志，他曾為一位美國主教工作。他們常常一起坐車出門，去參與教區會議或拜訪某個堂區。在開車的途中，主教常常發出一些憎惡同性戀的評論，深刻冒犯了我的朋友。他在主教辦公室工作勤奮，尤其致力於社會正義的議題。實際上，主教還常常稱讚他的工作態度（後來，布萊恩轉到美國主教團的辦公室，任職類似的工作）。

所以，我曾有一次問布萊恩，他為何不向自己的老闆出櫃。他說：「開玩笑，他是我最不可能出櫃表明身分的人。他非常討厭同志，而我擔心自己可能會丟了工作。」

所以，那位主教跟一位他十分欣賞且倚靠的人一起工作多年，卻不知道對方是同志。他對同性戀的厭惡讓同志在他身旁更難感到自在，或許也因為如此，他對同性戀的厭惡持續不減。

維也納總主教克里斯托夫．荀伯恩樞機（Cardinal Christoph Schönborn）在二〇一五年討論家庭的世界主教會議上，提醒了教會關於熟悉和友誼的重要性。這個會議是在方濟各教宗邀請下，各地的主教們聚集在一起討論與家庭相關而範圍廣泛的各種議題，當然也包括了人類性方面的議題。荀伯恩樞機談到，他認識的一對男同志伴侶轉變了他對同志的了解，他甚至對他朋友的同性結合提出了有所保留的讚揚。樞機說：

一個人和另一個人分享自己的生活，分享喜樂與痛苦，並且彼此幫助。我們必須承認，這個人為了自己的益處、也為他人的益處而邁出了重要的一步，縱使這當然不可能是教會認為正常的一個境況。

他也駁回了他總教區一位神父的要求，這位神父要求禁止一名與同性結合的男子在傳協會服務。也就是說，荀伯恩樞機與他的同志兄弟站在一起。兩年後，講到教會對一般家庭生活的支持時，他說：「支持家庭不表示厭惡其他的生活形式——即便是那些與同性伴侶生活的人，也需要他們的家庭。」他的體貼多半來自他跟同志相處的經驗、認識和友誼。

荀伯恩樞機這麼說：「教會必須陪伴人們。」

當耶穌遇上邊緣人

在同志這件事上，就如在其他一切事情上，耶穌都是我們的榜樣。當耶穌與處於邊緣的人們相遇時，他看到的不是類別，而是單一的個人。澄清一下，我並不是說同志應該被邊緣化或感覺自己處在邊緣。相反地，我說的是在教會裡有許多人確實發覺自己被排擠到邊緣。他們被視為「異類」。

但是對耶穌來說，沒有「異類」。耶穌的目光超越類別——他在人們所在的地方與他們相遇，並陪伴他們。

例如，〈瑪竇福音〉（馬太福音）講了耶穌在加里肋亞（加利利）海邊的漁村葛法翁（迦百農）遇見羅馬百夫長的故事（8:5-13）。這位百夫長走近耶穌，請求耶穌醫治他的僕人。當耶穌提議去百夫長家裡時，這個人說：「主，我當不起你到我舍下來。」百夫長告訴耶穌，他稍微懂得權威，因為他也有屬於自己權下、聽他號令的人。他說，耶穌只需要說一句話就成。耶穌對這位百夫長的信心表示驚訝，並治好了他的僕人。

換句話說，雖然百夫長不是猶太人，他也因為這個身分而生活在那個社會背景環境的邊緣，但耶穌看到的是某個處於困境的人，聆聽他的故事，並回應他的需要。

在〈路加福音〉另一個故事中，耶穌跟他的門徒行經耶里哥（耶利哥）城，遇見一個名叫匝凱（撒該）的人，是這個大城中的稅吏長（19:1-10）。在這個故事中，「身材短小」的匝凱爬上一棵野桑樹，因為「他想要看看耶穌是什麼人」，但「由於人多」，他無法看見耶穌。

當耶穌看到匝凱爬在樹上，他看到的是一個積極想要遇見他的人。在此，重要的是注意匝凱是這個地區的稅吏長，因此被視為社會中「罪人的魁首」——又一次，這是個處於邊緣的人。儘管如此，耶穌還是呼喚在樹上的匝凱，主動提出要到這個人的家裡作客。

在第一世紀的加里肋亞及猶太地區的猶太社會，所有這些感覺自己處在邊緣或連邊緣都搆不著的外人，耶穌都願意和他們相處，和他們站在一起，並與他們為友。

在接觸、幫助邊緣人的時候，耶穌所做的一直是從外面進到裡面。他把那些在外面的人帶進來。同時，他將門徒們和那些在裡面的人帶領到外面去。他推動他們往外，走向邊緣。

耶穌所傳達的一直是包容接納的訊息，他透過向人們宣講、醫治來通傳和給予人們聖經學家所稱的「同席夥伴的情誼」——也就是與他們一起吃飯，這在第一世紀的巴勒斯坦地區是個歡迎接納的標記。他一再這麼做，不只跟羅馬百夫長和匝凱，還有其他稅吏、妓女、一位撒瑪黎雅婦人，以及許多病人，這些人也都被視為遭到摒棄的人。

我的重點不是同志應被當成罪人來對待（就像上述這些人有許多在過往都被如此看待），**因為我們都是罪人**。相反地，我的重點是，耶穌持續地伸手接觸所有感覺自己被排斥到邊緣（無論以什麼方式）的人們。

事實上，耶穌往往因為這樣的做法而遭到批評。但耶穌的作為是包容接納的，他在創造一種「我們」的感受。

對耶穌來說，沒有「我們」和「他們」之分，只有「我們」。

有一種常見的反對說法是：「不，耶穌總是先告訴他們，不要犯罪！」這種說法是這麼推論的：我們不能去跟同志相遇，因為他們正在犯罪；而當我們真的遇到他們時，我們必須告訴他們的第一件事就是：「停止犯罪！」

然而，這並不是耶穌的行事方式。

例如，在羅馬百夫長的故事中，耶穌遇到這個人，他不僅不是猶太人，還很可能是個相信多神論的人。但耶穌並沒有大喊「異教徒！」或是因為他不是猶太人而罵他。相反地，耶穌表示這個人的信心讓他感到驚異，並宣告這份信心比他在以色列任何地方找到的都來得大，然後治好了這個人的僕人。

的確，〈路加福音〉清楚告訴我們耶穌「佩服」百夫長的信心。換句話說，耶穌敞開心胸，讓自己因為一位邊緣人的某種特質而感到驚訝。

同樣地，在匝凱的故事中，在看到爬在樹上的稅吏——一個只是想看看「耶穌是誰」的男子——之後，耶穌沒有指著他大叫「罪人！」，相反地，匝凱還沒說任何話或做任何事時，耶穌就說他要到匝凱的家裡，這是一個表達接納歡迎的公開標記。唯有在耶穌給予他歡迎之後，匝凱才受感動而悔改轉變，承諾自己會補償所有他曾欺詐過的人。

甚至是還在耶穌的時代，這些事就引發了對立。〈路加福音〉說：當耶穌顯示接納歡迎匝凱時，群眾「開始竊竊私議」，正如今天的群眾也常常這麼做！

但對耶穌來說，第一重要的往往是**群體**——會面、相遇、容納——其次才是**轉變**。

這裡再一次強調，我所談的是我們所有人都需要轉變，而非只有同志才需要。我們都蒙召要「皈依轉化」——一種情感與心態上的悔改與轉變。

事實上，針對〈馬爾谷福音〉（馬可福音）中耶穌與稅吏們的互動，兩位傑出的新約學者丹尼爾・海靈頓神父（Daniel J. Harrington, SJ）和若翰・唐納修神父（John R. Donahue, SJ）在聖經評註作品《神聖書頁》（*Sacra Pagina*）中強調了這類故事的一個重要層面：除了離開原本工作而跟隨耶穌的稅吏瑪竇（馬太）和肋未（利未）以外，「沒有跡象顯示，這些稅吏在與耶穌接觸後拋下了自己的職業」。

在〈路加福音〉中也是一樣：這個人經歷了「皈依轉化」，但並沒有「他不再是個稅吏」的跡象，但是，耶穌還是繼續與這群邊緣人會面吃飯，這引起了強烈爭議（馬爾谷／馬可福音 2:13-17）。

也就是說，在那種情況下，耶穌的用意是什麼？

按海靈頓神父和唐納修神父的意見，「這意味著一個簡單的訊息，那就是神愛這些人，並且他們會被耶穌正式任命成為天國的一分子。」

兩位學者以這個觀察總結自己的分析：

此處描繪的耶穌作為彰顯出對邊緣人的偏愛……今日教會面臨的挑戰是，要將精力和資源不只用在那些「富有」和強壯者身上，也要（尤其要）用在那些需要醫治和感覺自己需要被神聖接納的人們身上。

二〇一六年，方濟各教宗從喬治亞與亞塞拜然等國回羅馬的飛行途中的一個記者會上，便呼應了這一點。他說：「人們必須被陪伴，正如耶穌陪伴他們那樣。當一個處於這種情境的人來到耶穌面前時，耶穌一定不會說：『走開，因為你是同性戀。』」

體貼是基於相遇、陪伴和友誼。

第二層意義

這引導我們到哪裡呢？到體貼的第二層意義，也就是「更敏銳地意識到什麼會傷人或冒犯人」。當我們敏感於人們的處境，我們也就會敏感於任何不必要的可能冒犯。

體貼的一種方式是思量我們所用的語言。最近有些主教呼籲教會，重新探索在描述同性戀傾向時所用的「客觀上錯亂」（objectively disordered）這個用語（這是《教理》二三五八號的說法）。這用語指涉的是傾向，而非當事人，但是正如無數同志告訴過我的，它仍沒必要地刺痛著他們。

為了更了解這用語的背景脈絡，在此列出《天主教教理》對此事以及同性戀相關的完整訓導：

二三五七號：同性戀是指在男人間，或女人間，對同一性別的人，體驗著一種獨佔的或佔優勢的性吸引力。歷經各世代及不同文化，它具有不同的形式。其心理方面的起因大部分仍不可解釋。根據聖經，同性戀的行為顯示嚴重的腐敗，聖傳常聲明「同性戀的行為是本質的錯亂（intrinsically disordered）」，是違反自然律的行為，排除生命的賜予，不是來自一種感情上及性方面的真正互補。在任何情形下同性戀行為是不許可的。

二三五八號：有為數不少的男女，呈現著天生的同性戀傾向。同性戀並非他們刻意的選擇；正是這事實為他們大多數人構成了一種考驗。*對他們應該以尊重、同情和體貼相待。應該避免對他們有任何不公平的歧視。這些人被召在他們身上實行天主的旨意，如果他們是基督徒，應把他們由於此種情形可能遭遇的困難，與基督十字架上的犧牲結合在一起。

二三五九號：同性戀者被召守貞潔。藉著訓練人內心自由的自制諸德行，有時藉著無私友情的支持，藉著祈禱和聖事的恩寵，他們可以，也應該，漸次地並決心地，走向基督徒的成全。

某方面來說，我們的「性」觸及我們所做的每一件事，包括我們愛的方式，即便那份愛不涉及性的表達，甚至連想都沒想過。所以，稱一個人的性「客觀上錯亂」，就是告訴一個人：他或她所擁有的愛，即便是至為貞潔的愛，也是錯亂的。那似乎是不必要的殘忍。

*編注：此段《教理》原文為"The number of men and women who have deep-seated homosexual tendencies is not negligible. This inclination, which is objectively disordered, constitutes for most of them a trial."，作者提到的「客觀上錯亂」之字眼即來自於此。此字眼在中文版《教理》的這段文字中，並沒有特別提示出來。

據一些外流的新聞報導，在探討家庭議題的世界主教會議上，關於修改、更新、甚至是廢除這些用語的事，都有在會議中討論過。稍後在二〇一六年，一位澳洲主教文生・隆・凡・努言（Vincent Long Van Nguyen）在一場演講中說：

> 我們不能一邊談論創造的完整、天主遍及宇宙包容一切的愛，卻同時與壓迫勢力串連，而以糟糕的方式對待少數民族、婦女和同性戀者……。年輕人不太可能接受這個，尤其是當我們聲稱以愛和憐憫對待同志，卻將他們的性定義為「本質的錯亂」。

在一場教會演講後，一位男同志的母親問我：「人們可否了解，對一個十四歲的同志男孩來說，讀到像那樣的語言可能意味什麼嗎？那可能**毀滅**他。」

體貼的一部分便是了解這點。體貼的一部分是聆聽這位母親。

第 4 章
尊重：從同志走向教會

現在，讓我們到這座橋的另一線道走走——從同志群體走向教會的那條線道。對同志基督徒來說，以尊重、同情和體貼對待教會意味著什麼？

在天主教會中，領導階層擁有龐大的體制力量，可以准許人領受聖事、允許或阻止神父舉行聖事、開啟或關閉教區或堂區的牧靈服務、准許人保有在天主教機構的工作……等等。

但是同志基督徒也有他們的力量。例如，西方媒體漸漸越來越同情同志群體多於天主教會，那是一種「軟實力」。不過，在體制教會中，仍然是領導階層在權力的位置上運作。

同志基督徒也受到召喚，要以尊重、同情和體貼去對待那些教會的掌權者。為什麼呢？因為，就如我前面提到的，這是一座雙向的橋。更重要的是，同志基督徒也是基督徒，而那些美德表達了基督徒的愛。那些美德也幫助整個團體得以建立起來。

對許多同志基督徒來說，想到這些年來自己所受到的對待，這樣的召喚可能是個挑戰，甚至聽到這些話都會覺得痛苦。所以，我只邀請他們去默想一下，當**尊重**、**同情**、**體貼**這些詞彙運用在他們與教會的關係上時，這意味著什麼。這是放下「我們與他們」這種心態的時刻，因為在教會中沒有我們與他們之分。

對同志群體來說，對教會顯示尊重，這會意味什麼？這裡所說的教會，特別指的是教宗和主教們，也就是領導階層，更廣泛地說，是教會的訓導團體。

教徒們相信，主教、神父和執事在領受聖職時接受了神的恩寵，擔任教會中的領導工作。我們也相信主教擁有承襲自宗徒（使徒）的權威，這是我們在每個主日彌撒中唸〈信經〉時所表達的部分信仰意涵——教會是「從宗徒傳下來的」。我們也相信聖神（聖靈）會啟發並指引教會。當然，這份啟發和指引是聖神透過上主子民而傳達的，正如梵蒂岡第二次大公會議所教導的那樣，全體的上主子民都被聖神所充滿。同時，聖神也透過教宗、主教和聖職人員，憑藉著他們領受的聖職和職位來傳達祂的啟發和指引。

教會——教宗和宗座委員會、總主教和主教們——在他們的導師角色中，以權威發言。他們講話的權威層級不盡相同（稍後會更詳細談到這點），而教徒們必須以祈禱的心去思量他們所教導的。他們的教導值得我們尊重。

所以，首先要認知的是，我們受召喚去**聆聽**。在所有的事情上，不只是同志議題，主教階層都是以權威發言，並從偉大的傳統之井中汲取智慧。當主教們講論像是愛、寬恕、慈悲，還有關懷窮人、邊緣人、未出生的孩子、無家可歸的人、坐監的人、難民……諸如此類（但不限於此）的事情時，他們不僅是從福音，也從教會傳統的靈修富藏中汲取靈感。尤其是關於社會正義的議題，主教們會以一種我們在這世界上無從聽見的智慧，來挑戰我們。

如果主教階層以一種同志基督徒不同意，甚至是會觸怒、冒犯他們的方式來談論同志的事，我邀請同志基督徒們發出自我挑戰，並走近聆聽，也可以問：「他們在說什麼？他們為何這麼說？他們的話背後的涵義是什麼？」同志基督徒受召喚去聆聽、思量、祈禱，當然，也要運用自己有所本的良心，來分辨他們要如何過生活。

惡性循環的仇恨

除了對教會的尊重之外，對教會領導階層的成員，也應該予以單純對人的尊重。聽到一些同志基督徒和他們的朋友、支持者所說關於某些主教的話，往往會讓我很沮喪。我在私底下聽到這些話，但有時也在公開場合聽到。

最近，一個同志團體在回應主教們對同性婚姻所做的聲明時說，主教們不應該繼續「鎖在他們自己的象牙塔裡」。我想：「真的嗎？你這句話也是對那些在貧苦教區服務的主教們說的嗎？說他們住在『象牙塔』裡？你也是對那些幫助窮人、監督內地城市郊區的堂區、贊助經費支持那些教育貧窮孩子的學校，並管理慈善機構的主教們說的嗎？」

你可以不同意主教們的觀點，但使用這種語言不單是不尊重，也不正確。更嚴重的是，同志基督徒和他們的夥伴有時候會嘲弄主教們許下的獨身承諾，嘲諷他們的居處，特別是他們所穿的衣著。把主教們穿著精緻禮儀祭袍的照片貼在網路上，幾乎毫無掩飾地說他們是娘娘腔、偽君子，或者是壓抑的同性戀者。

同志群體想要繼續這樣嗎？當許多男同志過去也很可能被嘲笑是娘娘腔時，他們想要同樣這般地嘲笑主教嗎？這不是在讓仇恨無止境地惡性循環下去？他們怎能嚴詞批評一位主教不尊重同志群體，倘若他們自己在這過程中對主教也沒有給予尊重？如果一個人自己沒有活出基督徒的樣貌，卻因為別人沒有秉持基督徒的態度就批評他們，這是對的嗎？

有些同志認為，這是他們對自己認為虛偽之事的合理譴責。一位男同志告訴我，他覺得這不僅合理，還「很療癒」，當對象是那些「對男同志議題說過很糟糕的話」的教會領袖時，更是如此。

但我想邀請同志們思考這個問題：這符合我們基督徒的使命嗎？對我而言，這似乎只是個無盡的仇恨循環而已。

這些話，對那些感覺自己被教會打倒在地的人來說，可能很難聽得進去。最近一位身為男同志的朋友告訴我，這種嘲笑不是發自仇恨，而是出於一種遭到背叛的感受。他寫信給我道：「知道教會領導階層的成員中也有一些同志，又聽到他們宣講那些貶抑同志教友的話語，這令人感到挫折，也讓人心碎。」

但是，尊重那些與你意見不同的人，正是基督徒之道的核心。當然這有一部分是關乎寬恕這項重要的基督徒美德。

甚至從人性的觀點來看，給予尊重也是好的策略。若是你真心想要影響教會對同志相關議題的觀點，這絕對有助於獲得領導階層成員的信任。要實現這點的一個方式，便是尊重。

我要再說一次，即便同志們可能很難聽得進去，但是多數的教會官方人士，至少我所認識的那些人，他們對於溫文談話的回應，好過對憤怒抗議的回應——事實上，不僅多數主教是這樣，對多數人來說也是如此。所以，基督徒之道和單純的人性智慧都會說：「尊重他們。」

一位父親的築橋經歷

為了讓各位更加了解，我講個故事。

我在一所頗具規模的天主教大學演講後，一位男同志的父親起立提問。這位父親告訴我，他和他的妻子在兒子跟他們分享自己的性傾向之後，張開雙臂以慈愛的心歡迎他。同時，這位父親告訴在場群眾，他們本地的主教對同志並不歡迎。然後，他告訴我一個了不起的故事——充滿希望但並未包裹糖衣——是關於「以尊重築橋」的故事。

以下摘自他後來寄給我的信（只稍微修整過），用他自己的話所說的故事。

不久之前，我們的新主教在我們教會第一次主禮堅振聖事*。在他的講道中，他宣講了同性婚姻之惡。這成了他在主禮堅振時標準講道詞的一部分，而這發生在方濟各教宗聲明教會「過度執著」於同性戀議題而需要在宣講上找到「新的平衡」之後。

我寫了一封有些憤怒的信給主教，將教宗的訊息與他的講道作對比。我收到一封有些憤怒的回信。然後我寫了一封稍微不那麼憤怒的信給他，而他也回我一封稍微不那麼憤怒的信，之後便沒有進一步通信。

然而，在我讀完《聖本篤會規》之後，這件事有了轉捩點。這是第六世紀的書，內容是指導本篤修會團體中的生活。我是個「熙篤會在俗會士」，也就是說我是個平信徒，但跟附近一所修院很親近，並且承諾我會按我自己的生命境況作調整，盡可能地過著遵守會規的生活。

聖本篤在某處寫道：「要耐心地忍受傷害。愛你的仇人（瑪竇／馬太福音 5:44；路加福音 6:27）。若是人們咒罵你，不要還以咒罵，反而要祝福他們。」這些話在內心衝擊著我。我在腦海裡把主教當成假想敵，所以這是頭一遭，我必須去實踐聖經中最難的話：「愛你的仇人。」我為他祈禱，也為自己的憤怒祈禱。

在這一刻，我記起了某件重要的事。幾年前，我的妻子和我在教會參加了一場「歡迎同志基督徒到教會來」研習會，我們從中學習有關《天主教教理》的教導：應以「尊重、同情和體貼」對待同志們。

對主教有了一些了解之後，我對妻子說：「我應以尊重、同情和體貼對待主教，如同我想要他以同樣的態度來對待我們的兒子那樣。我必須成為我想要

＊編注：又稱為堅振禮、堅信禮。在天主教會中，象徵人通過洗禮與天主建立的關係獲得鞏固，使信徒能完全活出領洗時的奉獻。

他成為的另一種選擇。」

所以我以聖本篤的精神寫了一封新的信，引述了同志社群的高自殺率，將之呈現為「生命議題」，並詢問我們是否能出於愛我兒子與愛我們教會的精神來討論它。

出乎意外而讓我驚喜地，主教的秘書打電話來跟我約定會面。初次會面時，我們談了一個半小時。我盡可能跟他談我的親身體驗，分享我妻子和我們兒子的故事（我帶了他從小時候到成為鷹級童子軍到成人的照片），我們如何喜獲麟兒，還有我又如何在他三歲時就猜測到他有可能是同性戀。

在我這部分，我試圖訴諸他的感性，而非只是投入一場智性的辯論。

然後我說：「對我兒子、妻子和我來說，這旅程最痛苦的部分，就是他遭受教會不歡迎、甚至拒絕的經驗。」

這時，主教露出困惑的神情，真誠地問：「我可以問他為什麼會那樣感覺嗎？」

我腦海裡跑出來的第一個念頭是：「你是在跟我開玩笑吧！」然後我了解到，他或許從未跟同志的父母有過這樣的對話。雖然對於他沒有覺察到我兒子或任何同志的感覺，讓我感到失望，但我欣賞他的開放、真誠，以及試圖去了解的意願。他的問題讓我了解到，倘若我們教會在這議題上還有推進的希望，這場會面有多重要。

在我們的討論當中，我常常引用一九九七年美國主教會議討論關於對同志牧靈服務的文件〈永遠是我們的孩子〉。在初次會談的尾聲，他說：「你引用〈永遠是我們的孩子〉這文件，但你知道二〇〇六年的最新文件嗎？」

我不知道。再次令我驚訝地，他邀請我再回去評論二〇〇六年的文件，以及對一個名為「勇氣」的團體的看法，這個團體鼓勵同志過著貞潔的生活。我閱讀研究了二〇〇六年的文件，並且以它的內容來祈禱，這對我是困難的，然後我們會面討論它，又超過了一小時。我預定在幾個月內再度與主教會面。

我不確定有多少進展，但我的希望和祈求是：有些事情發生了，而我將它交付給聖神。儘管我不同意主教的神學立場，也不認同他執著於自然律超過科學與聖經，但我敬佩他願意與我會面，並如此慷慨地給出他的時間。

在我的經驗中，這便是最終會結出最多果實的那種築橋。抗議有時，但尊重對話亦有時。

第 5 章

同情：從同志走向教會

對教會心懷同情，這意味著什麼？

首先，讓我們回想「同情」的定義：「與……一起經驗」或「與……一起受苦」。如前文中提到的，同情的一部分是**認識**一個人生命的樣貌。因此，對教會的同情，有一部分即是：對教會中握有權力之人的生命有一種真實的了解。

在身為耶穌會士的生活中，我曾遇到許多樞機主教、總主教和主教們。他們中有不少視我為朋友，還有很多位對我個人非常親切。我遇過的所有主教都勤於工作，時常祈禱，是教會的忠僕，努力實踐自己被委託的牧靈服務。

幾年前，一位樞機主教遇到我的一個朋友，他母親病了，有生命危險。雖然我們那時都在為一場行程緊湊的活動而忙碌，這位樞機主教還是把我的朋友帶到一旁，私下與他說話，當場跟他一同祈禱，還要了他母親的電話號碼。隔天，樞機打電話到他母親家，發現她有事不方便講話，他便問：「什麼時候方便再打來？」十五分鐘後，他打電話去跟她長談，紓解她的憂慮和害怕。

另一位樞機主教也很讓我驚喜，他有一天晚上打電話給我，鼓勵我繼續為同志們牧靈服務，並跟我分享他自己走出去接觸同志團體的努力。他說：「繼續加油！」

一位總主教邀請我去他總教區的一場聚會中演講，之後我們成了朋友。演講前一晚，他請我跟他的團隊成員共進輕鬆的一餐，然後第二天清晨五點半，他開自己的小車來接我前往舉行演講的那個教堂。在一小時的車程中，他真誠而毫無隱瞞地與我分享自己牧靈服務的喜樂與挫折。

一位在梵蒂岡工作的主教和我變成朋友，提供我關於許多主題的忠告。他喜歡跟我講一些輕鬆幽默的故事，好比他的母親對於他成為主教沒什麼特別感覺，對他那頂被她叫做「好笑帽子」的主教帽也是。

我講述這些故事，並非為了顯示自己認識多少樞機主教和總主教，而是為了提醒讀者，比起人們可能看到或聽說關於教會官方成員的事比起來，他們有著更多的面向。所有的教會領導者也都是如此，無論他們是神職人員或平信徒。正如我邀請教會去認識同志們是他們的兄弟姊妹一樣，同志群體同樣受到邀請，去逐漸認知到這些教會領袖也是他們的兄弟。

同情的一部分是，去了解他們是一群盡力試著去愛的人，同時也去了解他們所肩負的職務重任。

在今日，主教除了常態的「三重牧職」——教導、管理、聖化（也就是教導福音、管理教區、舉行聖事）之外，還必須做以下的事：

- 當許多堂區面對神父和修會的快速衰退時，仍提供它們足夠的人員。

- 處理神職人員性侵案件在財務、法律和情緒上的餘波，而他們通常跟這些案件毫無關係。
- 面對教友、鄰居、學生和校友的情緒性要求及憤怒的抗議，決定哪些堂區和學校要關閉或合併。
- 幫助他們教區中每一個機構募款，包括學校、醫院、靈修中心、神父退休安養社區和社福單位。
- 面對資源和基礎建設的缺乏，仍要在一些情況下管理、協助成長中的教區和數目日益增加的教友。
- 回答憤怒的教友傾倒到他們辦公室的抱怨，內容包羅萬象，從彌撒禮儀的不當措置、神父的講道內容稍微走偏、他們不喜歡教區報紙上的一篇文章，甚至某位教友接受了他們不喜歡的團體頒發的一個獎項。

沒能以他們複雜職務的脈絡來看待這些教會領袖，會讓人對真實情況有所誤解——這也可能是缺乏同情的徵兆，會阻礙彼此接收交流的訊息。例如，前一章中那位男同志的父親就表現出他的同情：他試著了解主教或許是個從未遇過同志父母的人。

教會的轉變

懷抱著同情之心，也會引導我們擁有一種被稱為「心靈平等」（Equality of heart）的態度。這意味著人們漸漸明瞭到，至少有些教會中身居領導位置的人，自己也可能處於掙扎中。他們可能是有同性戀傾向的人，在年輕時跟多數同志一樣，在成長過程中經驗到他人的仇恨態度而飽受折磨，因而進入宗教的世界——那裡似乎提供了他們某種安全和隱私。

愛爾蘭小說家柯姆．托賓是公開出櫃的男同志，他在二〇一〇年的一期《倫敦書評》（*London Review of Books*）中寫了一篇文章，對這種經驗的可能樣貌提供了一個觀點和富於同情的總結。他回憶十六歲時參加了一個聖召工作坊，是為相信自己有神父聖召的男孩子而設的：

男同志成為神父的一些原因是明顯而單純的，其他人的原因則非如此。首先，成為一位神父似乎解決了不想要他人知道你是酷兒*的問題。身為一位神父，你能獨身守貞或不結婚，而每個人都會了解原因：因為你有聖召，你蒙受天主召叫，為祂所特別揀選。

對其他男孩而言，永不與女人發生性關係這樣的念頭，是他們連想都不會去想的。對你來說，這樣的性欲是會造成困難的；因此，你原本就沒有設想過輕鬆自在的未來藍圖。另一方面，發下永不與女人有性關係的神聖誓言，讓你感到解脫。

你有可能想要與男性有性關係，你有可能是他們講的「那種傾向」，但在工作坊中根本沒有人會提起這個，一次也沒有，儘管太陽底下其餘的每件事都被討論到了。

有同性戀傾向的人進入教區修院或培育修士的初學院，這絕非唯一的原因。大部分情況來說，同性戀傾向的神父和修會成員之所以進入修道生活，原因跟他們異性戀傾向的同儕們相同——感到自己蒙受天主召喚，以此方式跟隨福音，以此方式服務教會，以此方式幫助人們。

不過，托賓先生所舉出的理由，仍可能是這種生活方式對他們特別有吸引力的附加因素：有一定的隱私權，有一條服事天主的途徑，而不必承認自己的性傾向。有些人可能一直帶著這樣的價值觀，即便在過去幾十年來，關於同志的真相逐漸變得比較容易為人所了解，帶著這樣的真相生活也比較不那麼令人驚恐。

這是背負著人們對同志的憎恨效應所造成的景況，尤其是數十年前存在的那種根深蒂固的憎恨，使他們無法承認自己非常私密的一部分。所以，我邀請

* 譯注：queer，原有「怪異」之意，原是有些人在指涉同志與其他人不一樣時所用的貶義形容詞，後來演變成同志群體用來肯定自己與眾不同的詞彙。

同志基督徒去同情和為這些人祈禱，為這些被神學家詹姆士・艾利遜（James Alison）描述為我們「掙扎的弟兄們」祈禱，即便他們的背景導致他們有時候的舉動好似是與同志群體為敵。

我在此發出的邀請，是去看看這些主教和其他教會領袖的人性面，看到他們的複雜性，以及他們在牧靈服務中所承載的重擔。我知道這對某些同志可能是困難的任務（教會領袖也同樣受召喚去了解同志生命中的錯綜複雜），但在試著這樣做的途中，存在著基督徒的憐憫與同情。

許多同志感受到教會成員迫害他們，或者至少有一些主教和神父這麼做過。他們視這些人為仇敵、迫害者，是誤解他們的人。可悲的是，有些主教、神父和執事的確說過和做過那些無知、具傷害性，甚至帶著仇恨的事情。

我的一位同志朋友說，神職人員的性侵事件讓他特別憤怒。儘管感覺自己不受歡迎，在他多年來仍試著留在教會之後，這件事讓他深深感到被體制背叛。他告訴我說：「我憤怒極了。」他如何能接受掩蓋性侵罪行的教會領導階層譴責他的性傾向？

這說法應該不讓人驚訝。無論是異性戀或同志基督徒，都有正當權利對於性侵事件感到憤怒，而這些事件的報告數量在二十一世紀最初幾年達到巔峰。神父或修士（偶爾還有修女）對年幼孩子的性侵犯是令人髮指的罪行，得到的回應是許多教徒離開了他們的教會。

對某些同志來說，就像我朋友的反應一樣，他們發現曾經譴責自己是「客觀上錯亂」的教會領導階層，對於神職人員侵犯孩童的事件，要不是處理不當，就是睜一眼閉一眼，這真是太過分、太難容忍了。

在與男同志、女同志諮商談話的這些年來，我曾聽聞無數個故事，是有關神父在講道或私下談話中殘酷無情的評論，透露出對同志們憎恨至極的態度。我一次又一次聽到相同的問題：「我如何能留在一個這般對待我的教會？」

但我相信，這些行動只代表著領導階層和神職人員中的少數人，儘管這群人在教會中至今都似乎掌握著相當大的影響力；我相信事態慢慢在改變，方濟各教宗和一些教會領袖的行動，正在努力讓某些傷害得到療癒。許多教會領袖（主教和神父）對於同志基督徒所感受到的傷害，顯露出深刻的了解。

例如在奧蘭多的「脈衝」夜店槍擊事件後，當時即將榮退的佛羅里達州聖彼德堡的羅伯．林區（Robert Lynch）主教在他的部落格中寫了這些話：

可悲地，正是宗教（包括我們自己的宗教）最常以言語攻訐同性戀者和跨性別的人，同時也滋長對他們的輕蔑。在今日，對男同志、女同志的攻擊往往先種下輕蔑的種子，接著是仇恨，最終可能導致暴力。

昨日凌晨被殺的那些女人和男人，都是按天主的肖像所造的。我們是這樣教導的，我們應該也相信這個。我們必須支持這個。雖然還不知道是誰犯下了脈衝夜店的大屠殺，當我看到昨天早上一場記者會中挺身而出的那位伊瑪目*，我就知道在這個事件中總會有人設法找出宗教上的理由。在瘋狂的人做出無知、無理的事情時，所有的人都會從宗教背景去觀察、判斷和行動。

因為一個人的宗教、性傾向、國籍而挑出某些人作為受害者，不公正地對待他們，這聽在天主耳裡一定令祂不悅。這樣的事也必須停止。

換句話說，許多教會領袖確實與同志群體站在一起。而教會也在轉變，懷著尊重來歡迎接納這個群體。

對於敵意的回應

最近，這個轉變中最特別的一件事，就是紐華克的總主教——若瑟．托賓樞機主教（Cardinal Joseph W. Tobin）對一群同志朝聖者的公開歡迎。一個名為「以天主肖像」的團體，與分布在紐澤西、賓夕凡尼亞和紐約的

*譯注：伊瑪目在阿拉伯語中是領袖之意。在槍擊事件兇手未落網前，不少懷疑目光指向該地區的回教徒，因此穆罕默德．穆斯里伊瑪目為了保護他的回教徒團體，召開記者會公開譴責行兇者，並表達對受害者的支持。

十五個堂區合作，召集了同志們聚在一起進行省思和信仰分享。二〇一七年，這團體開始發想，要為同志基督徒組織一個朝聖團，前往紐華克的聖心聖殿主教座堂（Cathedral Basilica of the Sacred Heart）。當他們進行聯絡時，托賓樞機寫了一封讓他們驚喜的信，信上說：「我很欣喜你們和同志兄弟姊妹們計畫來拜訪我們美麗的主教座堂。」

朝聖當天，超過一百五十位同志朝聖者旅行來到這座宏偉的聖堂大殿，一位主教和好幾位共祭的神父一起舉行彌撒。在彌撒前，托賓樞機主教身穿耀眼的鮮紅色禮服，站在華麗的主祭台前，以舊約的話來歡迎這些朝聖者：「我是若瑟（約瑟），你們的弟兄。」他說：「身為耶穌的門徒，我是你們的弟兄。身為跟主在一起而找到恩慈的罪人，我是你們的弟兄。」

在《紐約時報》的封面故事中，托賓樞機主教解釋道：「我用的詞語是『歡迎』……這是一群在其他地方不曾感受到歡迎的人。我為他們的祈禱是：但願他們確實感受到自己是被歡迎的。今天在天主教會裡，我們讀到一段經文說，你必須能夠說出自己懷有希望的理由。而我祈求，這個朝聖旅程對他們來說，其實也是對整個教會來說，都是懷有希望的理由。」

如此這般，願意表示歡迎的主教，數目正在增加中。

很巧地，最近我在一個教會演講，是那些同志平信徒領袖們曾協助安排去紐華克朝聖的其中一個教會。在這間教堂前方，有某樣東西令我驚奇而感動，那是距離一尊瑪利亞像不過幾呎的一個小花園中的一塊石碑。石碑上的字是：「為和平與合一祈禱。紀念二〇一六年六月十二日奧蘭多的罹難者。讓我們紀念，讓我們**創造**。」

如此這般，願意表示歡迎的教會，數目也在增加中。

然而，倘若有些同志基督徒對特定的教會領袖持續抱有敵意，那麼基督徒應該怎麼回應？

讓我跟你說個故事當作建議。當我二十七歲時，我告訴父母我正在申請進入耶穌會。我毫無預警地把這消息拋給他們，在這之前我甚至沒有告訴他們我在考慮這麼做。因此他們感到困惑和沮喪，這個反應並不令人驚訝，但他們認為這是個莽撞的決定，而那使我感到困惑和沮喪。

我思忖著：「他們怎麼可能不明瞭我正在做什麼？他們怎麼可能不了解我？」而我的靈修輔導員回應我說：「你有二十七年的時間來適應這件事，而你剛剛才將這事告訴他們。給他們『時間』這項禮物吧。」

雖然這聽起來是一個挑戰，而且同志在教會經驗到的龐大痛苦也不能放在一邊，但我仍然想著，同志群體能否繼續給予教會「時間」這項禮物——逐漸去認識彼此的時間。以實際情況來說，一個開放、公開的同志群體是全新的事物，在我的有生之年是如此，對教會來說也一樣。

這確實會帶來一些負擔（但或許這並不令人驚訝），認識一個人本來就要花時間。所以，或許同志群體能持續給予教會的，是「耐心」這項禮物。

如果，有人在考量這一切之後，仍然把一些教會領袖看成敵人，那麼，更深刻的基督徒回應，便是為他們祈禱。這並非我在說話，而是福音中的耶穌說

的，他說：「當愛你們的仇人，為迫害你們的人祈禱。」（瑪竇／馬太福音 5:44-48；路加福音 6:27-36）

當我說「為他們祈禱」時，那意味什麼？那不是居高臨下地禱告說：「主啊，幫助他們不要成為那麼糟糕的人。」而是為他們的福祉祈禱。當然，我們可以為任何一個人的皈依轉化而祈禱，尤其是為某個不願對他人顯露慈悲和同情的人，但我們永遠都應該以仁愛的心來祈禱。真正的祈禱是渴望他人變得更好、更豐盛。

如果有任何教徒在為教會領袖祈禱時仍然感到很困難，他們或許可以試試一個祈禱，那是我跟某人過不去而覺得掙扎時，覺得很有幫助的一個祈禱。我的祈禱是：願自己能以神看那個人的眼光來看待他或她。

在我的經驗中，這祈禱總是會得到答覆。

第6章
體貼：從同志走向教會

讓我們回到這美麗的詞語——體貼。再一次地，我們用它來意謂不貶低主教們或是教會的領導階層。我也再次強調，那並不只是身為人的禮貌，也是基督徒的仁愛。

但在這裡，我想用另一種方式來表現「體貼」。既然這個詞也有靈敏、敏感的意思，我想邀請同志群體對一些事更敏感一些，更深地思量是「誰」在講話，以及他們是「如何」講出這些話的。為此，我要先簡單地說明神學中的教會論（神學中關注教會本身的一個分支）並聚焦於不同「權威層級」的含意——這個神學概念是天主教傳統教導的一部分。

身為教徒，我們相信教會中種種不同層級的訓導權威。並非每個教會官員都以同樣的權威層級發言，解釋這點最簡單的方式就是：你本地的牧者在講道中所說的內容，跟教宗在一篇通諭中所說的內容，來自不同的權威層級。

權威訓導的不同層級是以福音開始，接著是教會大公會議的文獻，再其次是教宗的公開聲明。就連不同的教宗聲明也有不同的權威層級。在那些文獻中，最高權威是針對整個教會而寫的憲章或通諭，接著是牧函和手諭（motu proprios），繼而是教宗的每日講道、演講和記者會……等等。

此外，也有世界主教會議和各個梵蒂岡聖部所發出的文件，以及在本地的層級上，主教團會議的文件和本地主教牧函。每項都有不同的權威層級。這些全都需要懷著祈禱的心態來閱讀和研討，但重要的是知道它們並不都具備同樣的權威。

當然，教會的領導階層並非唯一具有發言權威的團體。權威也寓於聖德之中，像是不屬於領導階層成員的聖人聖女，如加爾各答的德蕾莎修女，以及有聖德的平信徒桃樂絲・戴（Dorothy Day）或溫立光（Jean Vanier），說話都具有權威。

因此，很重要的一件事，就是要小心謹慎，不要未經思索就把主流媒體所說的「教會教導」當真。最近我讀到一則新聞標題：「梵蒂岡告訴神職人員，要將講道長度保持在八分鐘內。」我心想：「梵蒂岡真的這樣說嗎？」果不其然，當我讀完整篇文章，發現這道「命令」來自一位在梵蒂岡工作的主教，他只是在給講道者提供自己的建議而已。這標題是錯的。「梵蒂岡」沒有發出任何這樣的指示。所以再次申明，對事情、對言論要保有靈敏度，才是合宜的做法。

更有甚者，我們必須敏銳地察覺一件事：當梵蒂岡官方（無論是教宗或梵蒂岡某個聖部）發言時，他們是在**對全世界講話**，而不只是對西方世界，當然更非只針對美國。因此，某個在美國看來不痛不癢的聲明，在拉丁美洲或撒哈拉以南的非洲地區可能十分驚人。

也因為這樣，美國某些同志基督徒對教宗關於家庭生活的宗座勸諭〈愛的喜樂〉（The Joy of Love）的反應，讓我非常失望。在那份文件中，方濟各教宗說：

我們首先要重申，每一個人不論性傾向如何，其尊嚴都理應獲得尊重和受到認真對待，「應該避免對他們有任何不公平的歧視」，尤其要避免任何形式的侵犯和暴力行為。應以尊重的態度，陪伴這些家庭，好讓那些有同性戀傾向的人獲得所需的援助，而得以了解和奉行天主對他們人生的旨意。（二五〇號）

教宗說：**首先**，同志應獲得尊重的對待。那是了不得的聲明，而且順道一提，他完全沒提到任何有關「客觀上錯亂」的事。儘管如此，美國的某些同志卻認為這些話不值一提，還吶喊著：「這不夠！」

或許在西方世界看來，這些話仍然不足。但教宗的這篇文章不單是為西方而寫，更不只是為美國而寫，有些對同志的暴力不但猖獗、甚至是常態的國家，教宗也是為它們而寫。或者你可以想像一下，在同志會被監禁或處決、而教會仍保持沉默的地方，人們讀到這些話會是怎樣的反應。

在美國看似乏味的話，在世界其他地方卻是引起轟動的言論。對某個國家的主教看似明顯、普遍的事，對另一國家的主教卻是強力、明確、甚至帶有威脅性的挑戰。對某一國家的同志似乎枯躁無味的話，對另一國家的同志卻可能是荒漠甘泉。

成爲先知的召喚

同樣的道理，先知的預言（prophecy）也是一樣的作用。有時候，先知出於對神和對人的愛，蒙召喚說出一些令人不舒服、甚至憤怒的話語。先知向人們指出神所應許的未來，也呼籲人們歸回自己愛的根源——神。然而，先知的話語實在不需要淪為叫罵和羞辱。

我相信一定有許多讀者會聯想到，耶穌在聖殿推倒換銀錢的桌子或責斥當時的宗教領導人：「禍哉，你們經師（文士）和法利塞假善人！因為你們給人封閉了天國。」（瑪竇／馬太福音 23:13），或是洗者若翰（施洗約翰）站在約旦河邊，穿著駱駝毛的衣服，做了同樣的指責：「他見到許多法利塞人和撒杜賽（撒都該）人來受他的洗，就對他們說：『毒蛇的種類！誰指教你們逃避那即將來臨的忿怒？』」（瑪竇福音 3:7）

這種預言當然有它的效用，由基督徒傳統中最偉大的聖人所說的預言，更是如此。但我們對自己所說的話必須極為小心，因為我們都不是克己苦行的洗者若翰，更不用說是無罪的耶穌了。

我當然不是在說人們永遠不應憤怒，憤怒是人類自然健康的情緒，也是對於不公義的正當合理（甚至必要）的回應。耶穌看到不公義的事情時也會憤怒，尤其當這不公義是針對那些邊緣人的時候。而當代一些最偉大的先知，他們的行動也是出自義憤的推動。

更進一步說，許多同志基督徒有權憤怒。在經年遭受侮辱、邊緣化及排斥之後，誰能為他們的憤怒責備他們？這些痛苦的經驗導致許多人渴望自己和其他同志能獲得正義與公道，而這渴望以許多不同的方式表達出來，憤怒便是其中之一。

正如傑森．史戴德（Jason Steidl）這位公開出櫃的同志神學家向我指出的，每個人都有不同種類的先知工作需要完成，而這取決於個人或團體所領受的「神恩」（charism，源自希臘文 charisma，基督徒以此來稱呼「特殊的天賦」）。這個說法讓我們想起聖保祿（保羅）說的「教會猶如一個身體」的圖像，每個肢體擁有不同的天賦和使命。

傑森給我寫道：「每個團體或個人要做的事都不同，而每個團體或個人都擁有各自的神恩，反映了他們與教會領導階層的關係，以及他們如何進入或使用體制的力量。」

對我來說，那就是我需要聽到的洞見。因為身為神父，我與領導階層的成員有連繫，而其他人可能沒有。我相信**寧靜平和的對話**是築一座橋最有效的方法，但對那些感到被阻絕於所有領導階層溝通管道之外的同志來說，這種使命可能很空洞。

換句話說，在他們的感受中，通往橋的路徑根本就道路封閉。他們歡迎跟自己本地的主教談話，但因為種種理由，他們無法這麼做，而這種無能為力增加了他們的挫折感和受排斥感。因此，他們感到唯一可行的出路，就是公開抗議之類的活動。

傑森寫了下面這番省思，將教會猶如一個身體的圖像再加以擴充延伸：

撞傷腳趾喊痛，遠比感覺不到痛來得健康。會喊痛，表示身體運作如常，這會帶來醫治，腳趾仍然是身體的一部分，也好好活著。感覺不到痛，表示腳趾已經死掉，或生了壞疽、染上痲瘋，整個身體有可能因敗血症而死亡。這風險很高，但我相信神把我們所有人放在我們現今所在之處，是為了讓我們運用祂賜予的天賦來改變情勢。

所有感到自己受召喚去進行先知工作、甚至是抗議行動的人，都是出於內心深處真正的愛而這麼做。但是，我邀請他們在受到召喚時，要先自問：**這是真實的預言嗎？這份成為先知的渴望來自哪裡？神在這當中嗎？我是出於愛而這麼做嗎？**

先知總是為愛所推動，而且往往不僅是對某個人的愛，也是對團體或機構的愛。方濟會的靈修作家理查．羅爾神父（Richard Rohr, OFM）談論到真正的先知時，寫了這段話：

> 以先知的本質而言，就不可能處於任何社會結構的核心。他們反倒是「處在圈內的邊緣」。他們不可能完全是圈內人，但也無法從外面扔石頭。他們必須是在系統內受教育、認識規矩並身體力行，之後才能評判什麼是不必要或不那麼重要的事物。

耶穌以大師之風這麼做了（瑪竇／馬太福音 5:17-48）。這也是馬丁路德．金恩博士教導過美國，甘地教導過英國占領的印度，尼爾森．曼德拉教導過南非的……。先知是藉著引述系統內部的文獻、憲章、英雄和聖經，來批評系統本身，對抗它現行的做法。這是他們的秘密：要將系統解鎖打開，最好是從內部著手。

即便在那些我們覺得自己受召喚要成為先知的時刻，我們所有的人還是需要謹慎分辨。所以在許多方面，我們受到召喚時，要抱持靈敏（體貼的另一層涵義）詳察的態度。

第7章
一起在橋上

你已收到邀請，走上一座建立在《天主教教理》對同志牧靈服務三大支柱的橋上，也就是：尊重、同情和體貼。

對同志群體來說，這當中有些話可能不容易聽進去。對主教和教會領袖們來說，有些話也不容易聽進去。這是因為在這座雙向橋上，無論哪一條線道都不是平順易行的。

就像現實生活中的橋一樣，這座橋上也會有收費站。當你想要過一種尊重、同情和體貼的生活時，就要付出一些代價。但是，相信那座橋，就是相信人們終究能自在地來往過橋，而教會和同志群體也終將能彼此相遇、彼此陪伴、彼此相愛。

相信那座橋，就是相信神渴望寬恕，相信神渴望和好，相信神渴望合一。

我們都一起在這座橋上，因為這座橋就是教會。而最終，對雙方來說，橋的另一端會是歡迎、團體，還有愛。

我願意特別對同志基督徒說幾句話來作為第一部的總結。

在艱難的時候，你或許會問：「是什麼讓這座橋屹立？是什麼防止了它崩塌在尖銳的岩石上？是什麼讓我們沒有墜入橋下湍急危險的水流？」

答案是：聖神（聖靈）。

聖神正支持著教會，也支持著你，因為你是神所鍾愛的孩子，而藉由你的洗禮，你和教宗、你的當地主教以及我一樣，有相同的權力處身於教會中。

我邀請你走上的這座橋，有的地方磚石鬆脫了，路面有大塊隆起或深陷的凹坑，因為我們教會中的人並不完美。我們從來就不是完美的——去問問聖伯多祿（彼得）就知道了。我們也永遠達不到完美。我們全是不完美的人，努力按我們自己的使命盡力而為。我們都是在路上的朝聖者、被愛的罪人，跟隨著我們在領洗時聽到、現在也每天繼續聽到的召喚。

簡言之，你並不孤單。你有數百萬教會的兄弟姊妹，還有許多教會領袖陪伴著你，我們一起以不完美的樣子在這座橋上旅行。

更重要的是，神也陪伴著你，祂是使所有男人女人恢復和好的那一位，更是這座橋的建築師、造橋工，以及橋的根基。

補充說明

教會對於同性戀的官方教導為何？

自從本書——一本談論同志基督徒牧靈服務的書——出版以來，在教會、靈修中心、大學和研討會上，人們一次又一次反覆詢問我一些問題。最常見的是：「對那些相信神討厭他們的同志，我們能說什麼？」或「我們要如何幫助那些因為自身性傾向而想要自殺的年輕人？」還有「對那些覺得自己已經被教會拒絕的同志基督徒，我們能說什麼？」

另一個常見的問題，是教會對於同性戀、同性戀行為和同性婚姻的官方教導。通常，提出這些問題的並不是沒聽過教會教導的教友（大多數教友都知道這些教導），他們會這麼問，是想要了解教會對那些主題的教導建立在什麼樣的基礎上。

本書刻意避開了性道德的相關議題，因為我希望藉由聚焦於「可能產生共識的部分」來促成對話，而教會領導階層和多數同志基督徒在相關議題的想法上，仍然落差很大。以雙方相距最遠的主題來開始對話，也不太合理。整體來說，這本書是關於對話和祈禱，而非道德神學（身為天主教神父，我從未挑戰過這些教導，將來也不會這麼做）。

但是，想要讓教會領導階層和任何團體之間能發生有意義的相遇，讓雙方盡量彼此了解是有幫助的。正如我在這本書中提到的，好的橋梁可以讓人們雙向行走。

所以，問這個問題很重要：「教會對於這些議題的官方教導為何？」順道一提，彙整了教會針對各種不同主題之概要教導的《天主教教理》，並沒有提到雙性戀或跨性別的人，而只講到「同性戀的人」，更精確地說，我在此提到的是男同性戀者和女同性戀者。

在最基本的層次上，教會教導包含在福音中，更基本地說，是涵蓋於神在耶穌基督內的愛之啟示中。所以，在所有關於同性戀者的教會訓導中，最基本的一點就是：**神愛他們**。他們是神所鍾愛的子女，由神所創造，需要神的關懷和慈悲——正如我們所有人一樣。

更有甚者，在耶穌的公開服事中，他不斷伸手接觸那些覺得自己被忽視、被排擠或被邊緣化的人，而許多同性戀基督徒都有這樣的感受。實際上，在現今教會中，男同性戀者、女同性戀者、雙性戀或跨性別的人，或許是最邊緣的一群人，也因此，我相信基督以一種特別的愛來愛他們。

那麼，當我們講到男女同性戀者時，愛、慈悲和憐憫這些福音價值，便是所有教會訓導的基礎要素。

為此，指出這點非常重要：在教會眼中，僅是身為男同性戀者或女同性戀者並不是一種罪——這跟普遍的信念完全相反，即便是具有相當知識水準的基督徒也是這樣相信的。這可能是教會訓導中最乏人了解的教導之一。常有人問我類似這樣的問題：「身為同性戀者不是罪嗎？」但這並非教會的教導。《教理》中沒有一處說身為同性戀者是一種罪，就像任何一位有聲譽的心理學家或心理醫師都會同意，人不能選擇自己與生俱來的性傾向。

但是，多數人在問關於「教會教導」的問題時，他們指的並不是這個問題本身，而是關於同性戀行為的限制，以及對於同性婚姻的禁止。根據《教理》，同性戀行為是「本質的錯亂」而且是「違反自然律的行為」（對同性戀的關注大致包含在第二三五七至二三五九號）。因此，同性戀傾向（並延伸到任何異性戀以外的傾向）被視為「客觀上錯亂」。

這教導從何而來，又意謂什麼？儘管這教導有聖經的根源（創世紀 19:1-29；羅馬書 1:24-27；格林多／哥林多前書 6:10；弟茂德／提摩太前書 1:10），但我們或許能從教會傳統對自然律的倚重來做最好的理解。教會對自然律的重視，是深受聖多瑪斯．阿奎納的作品影響（而他則是汲取了亞里斯多德的思想）。

自然律是奠基於這個概念：神對世界、對人類的意願和神聖計畫不僅顯現在自然界中，更重要的是，它們對人類心智來說也是不證自明的。在我讀哲學期間，教我們中世紀哲學的修女告訴我們：「阿奎納要我們了解，這世界是合理的。」阿奎納說，人不僅能藉著觀察自然來了解神的計畫，也能藉由理智來了解它。

我們可以從阿奎納提出的「世界是合理的」概念開始探討。從這個概念出發，阿奎納會說，很明顯地，一切事物都是「有條理的」（ordered）朝向或成為「某個事物」——以亞里斯多德的說法，就是「目的」（telos）或「終點」。對我們的所見及所知來說，這點應該顯而易見。

例如：一顆橡實顯然是「有條理的」成為一棵橡樹。一個孩子是「有條理的」變為一個成人。同樣的道理，要評判某個行為，也是看它有沒有合宜地朝向它的特定目標。以性而言，一切的性都是「有條理的」朝向一個目的——在婚姻的背景脈絡下，所謂「情感」（愛）和「生育」（孕育孩子）的目標。

因此，根據自然律的傳統詮釋，同性戀行為並沒有「有條理的」朝向那些特定目標，所以它被視為「錯亂的」（disordered）。因此，就如《教理》所聲明的，它「在任何情形下都是不許可的」。隨之而來的是，同性戀傾向本身也被視為「客觀上錯亂」，因為它可能導致混亂、失序的行為。

在此我們需要釐清，「客觀上錯亂」指的並不是這個人本身，而是這個人的傾向。這也不是心理上的描述，而是來自哲學與神學觀點的詞語。進一步說，它並不貶低任何人與生俱來的尊嚴，因為神將所有人都創造成平等的，同時也都是好的。

這導致教會官方教導「同性戀的人」應該持守貞潔。因為同性戀行為是不許可的，他們不可從事任何種類的性活動。「同性戀者被召守貞潔。」《教理》在此意指的是獨身的貞潔，因為每個人都被召喚以貞潔的方式表達愛——即便是結了婚的夫婦亦然（廣義來說，在天主教的教導中，貞潔是合宜地運用我們的性）。

《教理》也聲明，藉著以下這些支持，男女同性戀者能夠經由守貞潔而走向「基督徒的成全」：「藉著訓練人內心自由的自制諸德行，有時藉著無私友情的支持，藉著祈禱和聖事的恩寵。」換句話說，《教理》聲明，男女同性戀者都能活出聖善的生命。

不用說，這些考量是把同性婚姻排除在外的。確實，教會官方教導拒絕考慮「一男一女的婚姻」以外的任何一種性行為——因此教會也禁止諸如婚前性行為、通姦和自慰這些行為。

但在《教理》中，教會在這主題上還有更多教導。我們可以留意一下特定的神學與哲學語言，教會教導說，應避免對男女同性戀者有「任何不公平的歧視」，並且應以「尊重、同情、體貼」這些德行來對待他們。在我的經驗中，對大多數教友而言，這是《教理》對同性戀的教導中最鮮為人知的部分。

在《教理》之外，方濟各教宗在最近的宗座勸諭〈愛的喜樂〉中，提出了有關同性戀議題的三個要點。首先，教宗重申教會反對將同性婚姻等同於一男一女之間的傳統婚姻。其次，他再度提出禁止「不公平的歧視」。

方濟各教宗所提的第三點，代表了他在牧靈實務和道德引導上的方法途徑。教宗提到，即便處在「尚未達到教會提倡之完滿福音生活」的情況下，我們也必須認出每個人身上運作著的美善。他說，耶穌期望我們進入人們生活的現實處境：盡力「陪伴」他們，幫助陶冶他們的良知（那是做下道德決定的最終仲裁者），並鼓勵他們過著忠實而聖善的生活。

本文原發表於二〇一八年的《美洲雜誌》

PART.2

從聖經中反思與默想

跟意見不同的人討論爭議性的主題時，我們很容易會忘了彼此共同擁有的事物。所有基督徒都能在聖經中找到豐富的靈修資源，因為這些內容是作者們在那個時代的心靈動盪與社會衝突當中寫成的。我們可以從走在前面的人那裡學習。積極反省及默想聖經之所以能成為如此豐富而具啟發性的靈修操練，那便是其中一個原因。

在第二部中，我收集了許多聖經章節作為同志群體的靈修資源，並附帶了有助於個人或團體反省的問題。這部分包括我在第一部中提過的經文章節，以及我藉由牧靈服務而發現、對同志及他們家人朋友有意義的一些章節。所有這些美麗的經文不只是為同志而準備，每個人都能運用它們，尤其是那些希望更完滿地歡迎同志進入團體的人。

你能夠以任何自己願意的方式來運用這些章節，但是，請讓我在此提供幾個建議：

第一，在每段經文或一組主題相同的經文之後，我提供了反省題來幫助你更深地默想，思索這些章節可能在對你說什麼。

請謹記一件事，神是透過聖經而說出充滿力量的聖言，因此你可以想想第二部收錄的題目，然後想像自己處於神的陪伴中（其實神一直都在，但當你祈禱時，會更加意識到這件事）並與神分享你的回答。有的人會發覺「寫靈修日記」（記下在你祈禱中發生了什麼）很有幫助，有的人甚至會發覺「寫一封信給神」的幫助很大。

第二，我的修會（耶穌會）其中一個靈修傳統，是會祖聖依納爵．羅耀拉所發揚光大的一項技巧*。在這種祈禱中，你要盡可能地想像自己處於一幕聖經場景中，越鮮明生動越好。問問自己：「我看見什麼？聽到什麼？我感受到什麼？聞到什麼？嚐到什麼？」在神的幫助下，試著以想像的方式，讓自己「置身」聖經場景中。

*編注：此指「依納爵神操」（The Spiritual Exercises of St. Ignatius），原意為「心靈的操練」，包括各種各樣的祈禱方式，幫助人體驗神的愛，認識自己的恩寵與罪，並更深入地認識基督。

這種祈禱方法可能令你感覺有點奇怪，但是，既然想像力是神賜給你的天賦之一，神便能透過它來幫助你。這技巧往往能讓你以一種更貼近個人的方式來觀看、了解某段經文。例如，在讀到有關耶穌醫治病人的章節時，你可能會認出自己生命中需要醫治的地方，受感動而向神祈求那方面的幫助。

對某些章節來說，這種技巧可能不那麼適用——例如聖保祿（保羅）的書信，一般來說並非故事，而是教導性的公函，它們更適合用於安靜的默想，而祈禱的主要效果是帶來新的洞察或深刻的了解。

但在舊約和新約中，有許多章節很適合也很容易使用這種運用想像力的「依納爵式」祈禱。在耶穌遇見懷著各種心願和渴望的人們的故事中，試著想像自己置身於那個場景，看看有什麼樣的感覺、記憶、洞察、渴望及情緒在你內心浮現，然後留意它們，並與神分享你在祈禱中發生了什麼。

第三，你可以讓神以一種更安靜的方式向你說話，也就是說，你可以只是靜靜坐著，想著一段章節，甚至一個字詞就好，而不需要想像自己在任何「場景」中。這種祈禱比較無關乎圖像，在形式上更為自由。然後你可能會發覺，這段經文喚起了一種沉靜或舒服自在的感受，或是想去行動或倡議什麼的渴望。在那些感受和渴望中，你會看到神向你伸出手，觸碰到你。

說到頭來，並沒有「正確」的祈禱方式，什麼方式是對你最可行、最有幫助的，就是對的方式。而以什麼方式來運用這些經文，由你自己決定。

最後，放在每章最後的反省題，可以在團體中運用，作為討論的主題，或作為團體祈禱的輔助。我納入的這些問題，對同志以及他們的家人、朋友與支持者，都很適宜。

這些反省題，是為教會中有時遭到忽視的那群人而設計的。還記得那位告訴我她只想要讓自己跨性別的孫兒在教會中有個位子的老太太嗎？她讓我想到，對同志的牧靈服務不僅是提供給那些相對少數的同志基督徒而已，也是為他們的父母、祖父母、兄弟姊妹、叔叔阿姨，以及他們的朋友、鄰居、同事和室友。

他們也都與神有關係。所以，當他們思量自己要以什麼樣的方式與神建立關係時，這些聖經章節、默想和反省題，就是為他們而設計的。

第8章
名字和取名

在舊約和新約中，名字都是重要的。

名字往往傳達了一個人的某種重要特質，例如「依撒格」（以撒），也就是亞巴郎（亞伯蘭）和撒辣（撒拉）之子，他的名字意思是「他笑了」或「笑聲」，因為撒辣在聽到自己將在老年生子這令人難以置信的消息時，她笑了（創世紀 18:2）。另一個例子如「耶書亞」（Yeshua，希伯來語中耶穌的名字），這名字意謂「上主拯救」。

知道另一個人的名字，就是對這人有某種程度的認識和親近，甚至對這人有一定的影響力。讓我們思量一下聖經中有關名字和取名較為重要的章節。

●神讓亞當（意為「男人」）給各種生物起名

上主天主用塵土造了各種野獸和天空中的各種飛鳥，都引到人面前，看他怎樣起名；凡人給生物起的名字，就成了那生物的名字。人遂給各種畜牲、天空中的各種飛鳥和各種野獸起了名字。（創世紀 2:19）

●神重新為亞巴郎起名

以後，你不再叫做亞巴郎，要叫做亞巴辣罕（亞伯拉罕），因為我已立定你為萬民之父。（創世紀 17:5）

●梅瑟（摩西）請求知道神的名字：

上主（對梅瑟）說：「我看見我的百姓在埃及所受的痛苦，聽見他們因工頭的壓迫而發出的哀號。所以你來，我要派你到法郎（法老）那裡，率領我的百姓以色列出離埃及。」

梅瑟對天主說：「當我到以色列子民那裡，向他們說：你們祖先的天主打發我到你們這裡來時，他們必要問我：他叫什麼名字？我要回答他們什麼呢？」天主向梅瑟說：「我是自有者。」又說：「你要這樣對以色列子民說：那『自有者』打發我到你們這裡來。」天主又對梅瑟說：「你要這樣對以色列子民說：上主，你們祖先的天主，亞巴郎的天主，依撒格的天主和雅各伯（雅各）的天主，打發我到你們這裡來。」（出谷紀／出埃及記 3:7,10,13-15）

反省題

1. 你以什麼名字稱呼神？上主？造物主？朋友？神的名字對你來說是什麼？
2. 你能說出幾個在心靈旅程中對你最有幫助的人的名字嗎？在神的陪伴中說出他們的名字，並為他們的幫助獻上感謝。

3. 當你想到自己的性傾向或性別認同時，你會用什麼詞語來形容？為什麼？你能在祈禱中跟神談談這事嗎？

4. 對你來說，初次「出櫃」或者分享你的性傾向和身分認同時，感覺怎麼樣？對你來說，如何稱呼它們（給它們一個名字）是什麼樣的經驗？你能把自己的正面和負面經驗都與神分享嗎？你能與神一起為那些正面經驗而歡欣，為那些負面經驗而悲痛嗎？

5. 試著在祈禱中想像自己處於梅瑟的位置。跟神直接談話，是什麼樣的感覺？你想，當神說話時，你可能會有何感受？你可能會說什麼或求什麼？

6. **對同志的家人、朋友和支持者：**當你初次聽到自己的家庭成員或朋友將他/她的性傾向或性別認同「取名並說出來」，你感覺如何？那樣的「名稱」改變或加深了你和那個人的關係嗎？在你自己與神的關係上，那向你說明了什麼？

第9章 不同的恩賜

聖保祿（保羅）在〈格林多前書〉（哥林多前書）中，呈現了一幅「教會有如一個身體」的圖像，所有的肢體都對整體運作有貢獻。

無論我們是誰、是什麼樣的身分，我們都帶給教會各種不同的恩賜。我們當中有的人在組織方面很有天賦，就規劃安排教會的活動。其他的人有音樂方面的才能，就在儀式當中服務。還有些人熱愛神學，就運用它來向人解釋我們的信仰。我們所有的人構成了基督的奧體——一幅傳統的教會圖像。

請注意，在下面的章節中，聖保祿如何聚焦在身體上那些看似「比較欠缺尊貴」的肢體。可悲的是，有時候同志在教會和社會中遭到的對待，就使他們有那樣的感受。但是，就如保祿所說的，正是這些人才應該受到更大的尊重。

就如身體只是一個，卻有許多肢體；身體所有的肢體雖多，仍是一個身體：基督也是這樣。因為我們眾人，不論是猶太人，或是希臘人，或是為奴的，或是自主的，都因一個聖神（聖靈）受了洗，成為一個身體，又都為一個聖神所滋潤。

原來身體不只有一個肢體，而是有許多。如果腳說：「我既然不是手，便不屬於身體；」它並不因此就不屬於身體。如果耳說：「我既然不是眼，便不屬於身體；」它並不因此就不屬於身體。若全身是眼，那裡有聽覺？若全身是聽覺，那裡有嗅覺？但如今天主卻按自己的意思，把肢體個個都安排在身體上了。

假使全都是一個肢體，那裡還算身體呢？但如今肢體雖多，身體卻是一個。眼不能對手說：「我不需要你；」同樣，頭也不能對腳說：「我不需要你們。」不但如此，而且那些似乎是身體上比較軟弱的肢體，卻更為重要；並且那些我們以為是身體上比較欠尊貴的肢體，我們就越發加上尊貴的裝飾，我們不端雅的肢體，就越發顯得端雅。至於我們端雅的肢體，就無須裝飾了。

天主這樣配置了身體，對那缺欠的，賜以加倍的尊貴，免得在身體內發生分裂，反使各肢體彼此互相關照。若是一個肢體受苦，所有的肢體都一同受苦；若是一個肢體蒙受尊榮，所有的肢體都一同歡樂。

你們便是基督的身體，各自都是肢體。（格林多前書 12:12-27）

反省題

1. 聖保祿有力地講論教會每個成員帶來不同的恩賜，而都能對教會有所貢獻。你帶來什麼恩賜？你能為這些恩賜而感謝神嗎？
2. 你以什麼方式發揮了這些天賦恩賜？
3. 有任何人曾阻擋你在教會中發揮你的恩賜嗎？你能向神表達你對那個經

驗感覺如何嗎？

4. 保祿說：身體（或教會）那些最不受尊重的「肢體」，應當受到最尊貴的對待。那對你來說有意義嗎？

5. 你感覺自己是教會這個「身體」的一部分嗎？為什麼是（或為什麼不是）？有什麼人事物能幫助你更感覺到自己是教會的一分子？什麼時候你最感覺自己是教會的一分子？

6. 在教會中，來自他人的什麼恩賜曾幫助你更靠近神？也就是說，誰曾在你的旅程中幫助你？

7. **對同志的家人、朋友和支持者：**同志們曾如何將自己的恩賜帶到你的生活或牧靈工作中？你如何認出那些恩賜？你的牧靈服務可曾因為偏見而錯失一些恩賜？你可以做什麼來對抗那些偏見？

第10章 關懷受迫害的人們

大多數人都知道耶穌說的「良善撒瑪黎雅人」（好撒瑪利亞人）的比喻，但在花時間好好省思之後，許多人仍可能從中得到驚喜，畢竟，一個比喻的意涵不是只有一種解讀而已。

聖經學者多德（C. H. Dodd）為「比喻」下了一個廣為人知的定義：比喻可以「逗引心智進入積極思考中」。比喻是耶穌教導人的主要方式之一，這些故事的內容都是為了讓人的理智和情感向神的奧秘而開啟。

對我來說，這個著名的比喻不僅向我們顯示了關懷受迫害者的需要，也顯示了我們可以如何從一個完全料想不到的人那裡得到及時的幫助。在耶穌那個時代，出於一些原因，撒瑪黎雅人被許多猶太人視為敵人。所以，在這故事中有個逆轉：耶穌稱一個外邦人為英雄。

更有甚者，我們討厭的人後來變成了我們需要的人。

有一個法學士（律法師）起來，試探耶穌說：「師傅，我應當做什麼，纔能獲得永生？」耶穌對他說：「法律上記載了什麼？你是怎樣讀的？」他答說：「你應當全心、全靈、全力、全意愛上主，你的天主；並愛近人如你自己。」耶穌向他說：「你答應得對。你這樣做，必得生活。」

但是，他願意顯示自己理直，又對耶穌說：「畢竟誰是我的近人（鄰人）？」耶穌答說：「有一個人從耶路撒冷下來，到耶里哥（耶利哥）去，遭遇了強盜；他們剝去他的衣服，並加以擊傷，將他半死半活的丟下走了。正巧有一個司祭在那條路上下來，看了看他，便從旁邊走過去。又有一個肋未（利未）人，也是一樣；他到了他那裡，看了看，也從旁邊走過去。

「但有一個撒瑪黎雅人，路過他那裡，一看見就動了憐憫的心，遂上前，在他的傷處注上油與酒，包紮好了，又扶他騎上自己的牲口，把他帶到客店裡，小心照料他。第二天，取出兩個銀錢交給店主說：請你小心看護他！不論餘外花費多少，等我回來時，必要補還你。你以為這三個人中，誰是那遭遇強盜者的近人呢？」

那人答說：「是憐憫他的那人。」耶穌遂給他說：「你去，也照樣做罷！」（路加福音 10:25-37）

反省題

1. 你何時曾成為他人的「良善撒瑪黎雅人」？
2. 什麼時候曾有人出乎你意料之外或令你驚訝地關懷過你？
3. 這個故事的大逆轉在於，看似最不可能幫忙的人，不但幫了忙，還給了超出期待的照料。曾有你討厭的人出乎意料地幫助了你嗎？

4. 當你需要幫助時，曾經有人「從旁邊走過去」嗎？你認為他們的心為何封閉呢？你能在祈禱中請求了解他們、甚至原諒他們嗎？

5. 想想那些你不喜歡的人，或許是教會中的一些人。你能祈求有一天自己成為他們的「良善撒瑪黎雅人」嗎？你能祈求有一天你可以敞開心扉，在某方面接受他們的幫助嗎？

6. 神以哪些方式「包紮」你的創傷？

7. **對同志的家人、朋友和支持者：**同志曾以哪些方式成為你的「良善撒瑪黎雅人」？你又如何成為一位「良善撒瑪黎雅人」來回報他們？你在和同志朋友或家人的關係中經歷過什麼驚喜嗎？對你來說，那說明了有關神的什麼事？

第11章 耶穌在人們所在之處與他們相遇

在耶穌醫治羅馬百夫長的僕人的故事中，有一點值得注意。

耶穌並未指責羅馬百夫長說他不是猶太人，也沒有對他喊道：「外邦人！」相反地，耶穌接納了百夫長原本的身分，並按照這人的請求去做，治癒了他的僕人。

耶穌也毫不吝惜地讚揚這個在當時被視為外來者的人，稱讚他的信心非常堅定。在故事的最後，耶穌懷著開放的心，為這個處於邊緣之人的信心而**感到驚喜**。

耶穌進了葛法翁（迦百農），有一位百夫長來到他跟前，求他說：「主！我的僕人癱瘓了，躺在家裡，疼痛的很厲害。」

耶穌對他說：「我去治好他。」

百夫長答說：「主！我不堪當你到舍下來，你只要說一句話，我的僕人就會好的。因為我雖是屬人權下的人，但是我也有士兵屬我權下；我對這個說：你去，他就去；對另一個說：你來，他就來；對我的奴僕說：你作這個，他就作。」

耶穌聽了，非常詫異，就對跟隨的人說：「我實在告訴你們：在以色列我從未遇見過一個人，有這樣大的信心。我給你們說：將有許多人從東方和西方來，同亞巴郎（亞伯拉罕）、依撒格（以撒）和雅各伯（雅各）在天國裡一起坐席；本國的子民，反要被驅逐到外邊黑暗裡；那裡要有哀號和切齒。」

耶穌遂對百夫長說：「你回去，就照你所信的，給你成就罷！」僕人就在那時刻痊癒了。（瑪竇／馬太福音 8:5-13）

反省題

1. 耶穌幫助了某個「外邦人」，這是否令你驚訝？你想，他周遭的人可能會有什麼反應？是什麼讓耶穌如此自由地與這人相遇？
2. 你想，是什麼讓羅馬百夫長能夠走近耶穌？
3. 對你來說，關於神的接納歡迎，以及耶穌對百夫長的接納歡迎，這都說明了什麼？
4. 當你想像這故事時，你認為這位百夫長對於與耶穌相遇的回應會是什麼？你曾經驗過令人驚喜的歡迎嗎？神主動給了你什麼樣的治癒？
5. 耶穌讚揚百夫長的信心大過在以色列的任何一個人。百夫長的信心對你訴說了什麼？這又如何影響你自己的信心？
6. **對同志的家人、朋友和支持者：**你的家庭成員或朋友向你吐露了實情並信任你，你是否曾像耶穌一樣，因那份推心置腹的信任而感到「驚喜」？這讓你對那位信任你的家人或朋友有何感受？對於神又有何感受呢？留意一下，百夫長是為了他人而求助，這跟你與自己的同志家人或朋友的關係，有怎麼樣的交集？

同樣地，就如你接下來會看到的，當耶穌遇見耶里哥（耶利哥）城的稅吏長匝凱（撒該），耶穌沒有斥責這個在當地被視為「罪魁」的人，相反地，耶穌主動提議去他家拜訪。這個公開歡迎的表徵，造成了匝凱內心的轉變。對耶穌來說，「團體共融」往往是放在第一的，「皈依轉化」則是其次。

也請注意，就像我們許多人一樣，匝凱只是想看看「耶穌是何許人也」，這是多麼感人的一個細節！這又和今日許許多多的同志多麼相像，他們也只是想和耶穌相遇而已。然而，「群眾」阻礙了匝凱這麼做，正如今日群眾也阻礙了同志這麼做。但匝凱並不灰心，他費了好一番工夫，冒險爬上樹枝頭，只為看到耶穌。

在耶穌戲劇性地說出歡迎的話語之後，城裡的人們開始「竊竊私議」，顯示他們不表贊同。但匝凱仍然「站起來」（或譯為「站著」）。在希臘文的原文中，「站起來」（statheis）的意思可能更接近「堅守立場」。將恩慈憐憫延伸至一個處於邊緣的人，常常導致那些「圈內人」議論紛紛，今日也是如此！

這是個提醒——不要讓那些議論者阻擋人與耶穌的相遇。記住方濟各教宗的看法：「對耶穌而言，最重要的是向外伸出手，去救那些遠離的人，醫治病人的創傷，讓每個人都回到天主的家庭。而對某些人來說，這竟是令他們反感的事！」

這個帶來轉變的經驗，與恩慈憐憫的直接相遇，導致了匝凱的皈依轉化——我們每個人所受到的召喚，就是這種理智上與情感上的徹底轉變。

耶穌進了耶里哥，正經過的時候，有一個人，名叫匝凱，他原是稅吏長，是個富有的人。他想要看看耶穌是什麼人；但由於人多，不能看見，因為他身材短小。於是他往前奔跑，攀上了一棵野桑樹，要看看耶穌，因為耶穌就要從那裡經過。

耶穌來到那地方，抬頭一看，對他說：「匝凱，你快下來！因為我今天必須住在你家中。」他便趕快下來，喜悅地款留耶穌。眾人見了，都竊竊私議說：「他竟到有罪的人那裡投宿。」

匝凱站起來對主說：「主，你看，我把我財物的一半施捨給窮人；我如果欺騙過誰，我就以四倍賠償。」耶穌對他說：「今天救恩臨到了這一家，因為他也是亞巴郎之子。因為人子來，是為尋找及拯救迷失了的人。」（路加福音19:1-10）

反省題

1. 匝凱獨自爬上樹枝頭，因為他想看看「耶穌是什麼人」。對你來說，耶穌是誰？你在生命中曾經「看見」他嗎？
2. 這位稅吏「由於人多」而不能看見耶穌。這或許是指匝凱的「身材短小」，但也可能形成一幅「人們的意見或反對阻擋了我們」的有力圖像。什麼時候他人或他人的意見妨礙了你更接近神？

3.「共融第一，皈依其次」的洞見來自聖經學者班．梅耶爾（Ben Meyer），他將耶穌的方式跟要求「悔改第一」的洗者若翰（約翰）的方式做對比。當然，我們所有人都需要悔改，也都持續蒙受皈依轉化的召喚，但是關於教會，耶穌的做法對你說了什麼？關於你自己的部分又說了什麼？

4.在這故事中，匝凱受感動而徹底地轉變。這是「皈依轉化」，或者說是理智與情感的「皈依轉化」，而我們所有人都受召喚如此。神邀請你在生活中做什麼樣的改變？

5.**對同志的家人、朋友和支持者：**當耶穌主動向匝凱表達接納歡迎，群眾開始「竊竊私議」。也就是說，他們反對耶穌向外伸出手。你何時曾在面對人們的議論時，為你的同志家人或朋友挺身而出？你可曾想過自己的支持就是耶穌在做的事？或許你可以在祈禱中與耶穌分享這經驗。

第12章 你的受造「驚奇神奧」

在〈聖詠〉（詩篇）一三九篇中，作者告訴我們，神創造了我們，親暱地認識我們、了解我們。神在我們母親的子宮中將我們編織在一起的圖像，生動地提醒我們，透過創造我們的神，我們的受造是「驚奇神奧、奇妙可畏」的。

以我的經驗，在聖經所有章節中，這一段經文對同志和他們的家人朋友是最有幫助的。

上主，你鑒察了我，也認清了我：

我或坐或立，你全然認清了我，
你由遠處已明徹我的思考。
我或行走或躺臥，你已先知，
我的一切行動，你完全熟悉。
的確，我的舌頭尚未發言，
上主，看，你已經知悉周全。
你將我的前後包圍，
用你的手將我蔭庇。
這是超越我理智的奇事，
也是我不能明白的妙理。
我往何處，才能脫離你的神能？
我去那裡，才能逃避你的面容？

我若上升於高天，你已在那裡，
我若下降於陰府，你也在那裡。
我若飛往日出的東方，
我若住在海洋的西方，
你的雙手仍在那裡引導著我，
你的右手還在那裡扶持著我。
我若說：願黑暗把我籠罩，
光明變成黑暗將我圍包；
但黑暗對你並不矇矓，
黑夜與白晝一樣光明，
黑暗對於你無異光明。

你造成了我的五臟六腑，

你在我母胎中締結了我。
我讚美你，因我被造，驚奇神奧，
你的工作，千奇萬妙！
我的生命，你全知曉。
我何時在暗中構形，我何時在母胎造成，
我的骨骸你全知情，
我尚在母胎，你已親眼看見，
世人的歲月尚未來到以前，
都已全部記錄在冊表，
都已全由你預先定好。

天主，你的策略，對我何其深奧！
你策略的總數又是何其繁浩！

我若去計數，而它們多於沙粒；
設若數到底，我仍同你在一起。（聖詠／詩篇 139:1-18）

反省題

1. 想一想，對你來說，「驚奇神奧的受造」意味著什麼？你能夠像〈聖詠〉作者那樣讚美神嗎？你的讚美會是如何的呢？
2. 想到神在你「母胎」中孕育形成你，那感覺像什麼？
3. 〈聖詠〉作者承認，神的「道」超過人的理解能力，但他「仍與天主在一起」。你想，是什麼給予這位作者那樣的信心？
4. 只創造美好事物的神，創造了你的「五臟六腑」。那讓你對自己有何感受？你能用自己的話告訴神你有何感受嗎？
5. 聖奧斯定說：「天主比我更靠近我自己。」如〈聖詠〉作者那樣，想像神如此親密地認識你，讓你有何感覺？

6.〈聖詠〉作者寫道：「黑暗對你並不朦朧，黑夜與白晝一樣光明，黑暗對你無異光明。」這幾行經文在對你說些什麼？

7. **對同志的家人、朋友和支持者：**你自己的受造就是「驚奇神奧」的！而你的家人或朋友也是以不同、但同樣驚奇神奧的方式受造。神的「作為」和「心思」對你訴說了什麼？

第13章 神是你的力量來源

在遭遇迫害、排擠而掙扎的時候，〈聖詠〉（詩篇）六十二篇往往能幫助我的同志朋友們找到些許慰藉、憩息和力量。對同志的家人和友人來說，它也能成為一帖療癒傷痛的藥方，因為他們也可能會覺得需要安慰。

我的靈魂只安息在天主內，
因為我的救援是由祂而來。
只有祂是我的磐石，我的救星；

祂是我的堡壘，我決不致搖傾。
你們不斷侵犯一人，並向他一人衝擊，
如衝擊將倒的牆，將坍的壁，要到幾時？
實在，他們企圖，要將我由我高位上推下；
他們喜愛謊言，口雖祝福，心卻辱罵。

我的靈魂，你只安息在天主內，
因為我的期望全是由祂而來。
只有祂是我的磐石，我的救星；
祂是我的堡壘，我決不致搖傾。
我的救恩，我的光榮全在於天主，
我的堡壘，我的護衛全基於天主。

百姓，你們該常向祂表示依靠，
該在祂面前吐露你們的心竅：
因為天主確是我們的避難所。
庶民不過是口氣，顯貴也無非是幻影；
放在天秤上必然浮起，合計還比氣輕。
莫依勢凌人，不要以劫掠驕矜；
如財寶日增，也不要掛念在心。

天主說過一次，我確實也聽過兩次：
「威能屬於天主；我主，慈愛也非你莫屬，
因你按照各人的行為，予各人以報酬。」

反省題

1. 這篇〈聖詠〉中，形容神的圖像哪一個最吸引你：祂有如「救援」、「磐石」、「堡壘」、「避難所」？為什麼？
2. 當你回顧你的生命，神曾以什麼方式成為你的「力量」？
3. 「他們喜愛謊言，口雖祝福，心卻辱罵。」〈聖詠〉作者這些刺耳的話，是針對那些對他絲毫不流露愛或憐憫的人和團體而發的。他坦誠地向神講論那些傷害了他或他的民族的人。你能夠信任神而像作者那樣，抱怨那些「辱罵」你的人嗎？你能相信神會聽見你所有的祈禱嗎？
4. 向神「吐露」你的心聲意味什麼？你現在能在祈禱中這麼做，相信神會傾聽你嗎？
5. **為同志的家人、朋友和支持者：**接納一位家人或朋友的性傾向，這個過程可能很有挑戰性。神曾以什麼方式成為你的「磐石」？未來祂能如何成為你的「磐石」？

第14章 耶穌宣告他的身分

當耶穌進入納匝肋（拿撒肋）的會堂，誦讀宣講希伯來文經書，並宣告他的身分與使命時，他或許已經知道自己的本鄉同胞們會如何回應。畢竟，他在這個小城的這群人當中生活了三十年（在耶穌的時代，那裡大約只有兩百到四百人）。儘管如此，他還是大膽宣告了自己是誰，又主張什麼。

許多同志告訴過我，這段經文曾幫助他們接納並「承認」自己的身分，即使這樣做會讓他們面對誤解和反對——有時候，這些阻力甚至是來自他們最親近的人——毫無疑問地，在耶穌宣告了他的身分和主張後，這些鄉親對他的憤怒，竟到了想把他「推下山崖」的地步。

耶穌知道他們可能會有的反應，但仍然說出了他必須要說的話。這一段往往被稱為「耶穌在納匝肋受排拒」，但我喜歡把它想成是「耶穌宣告身分」。

他（耶穌）來到了納匝肋，自己曾受教養的地方；按他的習慣，就在安息日那天進了會堂，並站起來要誦讀。有人把依撒意亞（以賽亞）先知書遞給他；他遂展開書卷，找到了一處，上邊寫說：

上主的神臨於我身上，
因為他給我傅了油，
派遣我向貧窮人傳報喜訊，
向俘虜宣告釋放，
向盲者宣告復明，

使受壓迫者獲得自由，
宣布上主恩慈之年。

他把書卷捲起來，交給侍役，就坐下了。會堂內眾人的眼睛都注視著他。他便開始對他們說：「你們剛才聽過的這段聖經，今天應驗了。」眾人都稱讚他，驚奇他口中所說的動聽的話；並且說：「這不是若瑟（約瑟）的兒子嗎？」

他回答他們說：「你們必定要對我說這句俗語：醫生，醫治你自己罷！我們聽說你在葛法翁（迦百農）所行的一切，也在你的家鄉這裡行罷！」

他又說：「我實在告訴你們：沒有一個先知在本鄉受悅納的。我據實告訴你們：在厄里亞（以利亞）時代，天閉塞了三年零六個月，遍地起了大饑荒，在以色列原有許多寡婦，厄里亞並沒有被派到她們中一個那裡去，而只到了漆冬（西頓）匝爾法特（撒勒法）的一個寡婦那裡。在厄里叟（以利沙）先知時代，在以色列有許多癩病人，他們中沒有一個得潔淨的，只有敘利亞的納阿曼（乃縵）。」

在會堂中聽見這話的人，都忿怒填胸，起來把他趕出城外，領他到了山崖上——他們的城是建在山上的——要把他推下去。他卻由他們中間過去走了。（路加福音 4:16-30）

反省題

1. 你想，在那些熟悉自己的人們面前宣告自己的身分，對耶穌來說困難嗎？
2. 你認為是什麼讓耶穌能夠這麼做？是什麼讓你接納自己的真實面貌？你與任何人說過關於你的性傾向或身分認同嗎？若是沒有，那耶穌的範例會帶給你什麼？
3. 不論是在家鄉，還是之後在其他地方，耶穌都面對了激烈的反對。來自最接近之人的反對，可能令人很痛苦。你曾遭受公然的拒絕嗎？你能夠對耶穌訴說那痛苦嗎？你能讓他對你說話嗎？

4. 這次在納匝肋受排拒後，耶穌在加里肋亞（加利利）海邊周遭城鎮的村莊，發現許多渴望聽他說話的人們。你曾遭到拒絕的地方是哪裡？你曾被接納的地方又是哪裡？

5. 耶穌知曉被拒絕的滋味。這讓你對他有什麼感覺？你能在祈禱中與他分享那感受嗎？

6. **對同志的家人、朋友和支持者：**當你的家人或朋友初次與你分享他或她的性傾向，那對你來說是什麼樣的感受？你認識想要把人「推下山崖」（比喻的說法）的人們嗎？你的反應是什麼？

第15章 耶穌召喚不完美的人

有時候我們懷疑自己是否「當得起」跟隨耶穌，或是否值得為神所愛。我們所有的人——異性戀者、男同性戀者、女同性戀者、雙性戀者、跨性別者——都不完美。我們全都有自己的瑕疵，我們都有罪過。然而神召喚的是我們所有的人。

面對耶穌的召喚，伯多祿（彼得）的回應很典型——他意識到自己有罪，因而在面對神的召喚時，自覺不配、當不起神的慷慨。但無論如何，耶穌仍召喚著我們。

有一次，耶穌站在格乃撒勒（革尼撒勒）湖邊，群眾擁到他前要聽天主的道理。他看見兩隻船在湖邊停著，漁夫下了船正在洗網。他上了其中一隻屬於西滿（西門）的船，請他把船稍微划開，離開陸地；耶穌就坐下，從船上教訓群眾。

一講完了，就對西滿說：「划到深處去，撒你們的網捕魚罷！」西滿回答說：「老師，我們已整夜勞苦，毫無所獲；但我要遵照你的話撒網。」他們照樣辦了，網了許多魚，網險些破裂了。他們遂招呼別隻船上的同伴來協助他們。他們來到，裝滿了兩隻船，以致船也幾乎下沉。

西滿伯多祿一見這事，就跪伏在耶穌膝前說：「主，請你離開我！因為我是個罪人。」西滿和同他一起的人，因了他們所捕的魚，都驚駭起來；他的夥伴，即載伯德（西庇太）的兒子雅各伯（雅各）和若望（約翰），也一樣驚駭。

耶穌對西滿說：「不要害怕！從今以後，你要做捕人的漁夫！」他們把船划到岸邊，就捨棄一切，跟隨了他。（路加福音 5:1-11）

反省題

1. 面對神聖者，伯多祿（這裡仍叫他的本名：西滿）自然會感到自身的不完全。一位耶穌會的靈修輔導員比爾．克律德神父（Bill Creed, SJ）如此形容這個經驗：「在天主愛的陽光照耀下，我們看見自己的陰影。」你生命中的「陰影」是什麼？你能像伯多祿所做的那樣，在祈禱中將它們帶到神的面前嗎？

2. 裝滿了魚而差點破掉的網，是一幅有力的圖像，代表了神已賜予我們的豐沛祝福——而且未來還會繼續賜予。這樣的豐沛祝福幫助伯多祿信任耶穌。若是你要列出自己蒙受的祝福，在你的「網」中會有些什麼？

3. 伯多祿說他已經整夜工作，卻毫無所獲。沒有耶穌，我們什麼也不能做；跟他在一起，我們凡事都能做。你能在哪裡用上耶穌的幫助？你在祈禱中為此求恩嗎？

4. 耶穌知道伯多祿不完美，卻仍舊召喚他。我們都不完美——都在奮力掙扎，試著盡力而為。正如耶穌會士喜歡說的，我們都是「被愛的罪人」。你是否相信即使你不完美，神仍可能召喚你？

5. **對同志的家人、朋友和支持者：**在你生命中有許多「召喚」，其中一個便是：愛你的家人和朋友，接納他們所有的複雜面向。但有時你可能感到無力擔當這任務，就像伯多祿那樣。是什麼幫助了你去愛與支持你的同志家人和朋友？什麼樣的「漁獲」鼓勵了你？

第16章 耶穌與社會邊緣人

在福音中，耶穌一次又一次伸出援手，幫助那些自覺處於社會邊緣的人，而且主動向他們表示歡迎。在本章所描述的情境中，他伸手的對象是一位撒瑪黎雅（撒瑪利亞）婦人。

數世紀以來，猶太人和撒瑪黎雅人（此指居住在猶太和加里肋亞〔加利利〕之間的撒瑪黎雅地區的居民）一直呈現緊張狀態，主因是宗教上的差異。聖經裡說「猶太人和撒瑪黎雅人不相往來」更強調了這點。所以，慈幼會的新約學者法蘭西斯・莫隆尼神父（Francis J. Moloney, SDB）在他對〈若望福音〉（約翰福音）的評注中說：「基於兩個原因，耶穌不應和她說話：她是婦女，而且是個撒瑪黎雅人。」

除此之外，這位「井邊的婦人」結了好幾次婚，目前和一個顯然不是她丈夫的人同居。所以，她可能因此在社會上背負惡名。有些評注者曾提出，她在「大約中午」（也就是一天中最炎熱的時刻）去到水井的理由，是出於羞窘——因為在這個時刻，別的婦女不會去那裡。她也表明了自己對耶穌的猜疑（或是驚訝），問他為何跟她談話。

這些似乎一點也不困擾耶穌。我們應該留意的是，耶穌如何跟某個自認處於社會邊緣的人交流往來、如何向她完整揭示自己的身分，以及她如何回應。對耶穌展現的歡迎，她的回報是敞開心胸，不僅跟耶穌分享自己的故事，還坦承了自己對耶穌帶來的「活水」的渴望——而耶穌正是那活水。

在耶穌傾聽她，並且分享關於他自身意義重大的事之後，她成了一位「使徒」——受派遣將福音帶給他人的人。

（耶穌）便離開猶太，又往加里肋亞去了。他必須途經撒瑪黎雅。於是到了撒瑪黎雅的一座城，名叫息哈爾（敘加），靠近雅各伯（雅各）給他兒子若瑟（約瑟）的莊田，在那裡有「雅各伯泉」（雅各井）。耶穌因行路疲倦，就順便坐在泉傍；那時，大約是中午*。

有一個撒瑪黎雅婦人來汲水，耶穌向她說：「請給我點水喝！」那時，他的門徒已往城裡買食物去了。那撒瑪黎雅婦人就回答說：「你既是個猶太人，怎麼向我一個撒瑪黎雅婦人要水喝呢？」原來，猶太人和撒瑪黎雅人不相往來。

耶穌回答她說：「若是你知道天主的恩賜，並知道向你說：給我水喝的人是誰，你或許早求了他，而他也早賜給了你活水。」那婦人問說：「先生，你連汲水器也沒有，而井又深，你從那裡得那活水呢？難道你比我們的祖先雅各伯還大嗎？他留給了我們這口井，他和他的子孫以及他的牲畜，都曾喝過這井

*譯注：思高版聖經的原文是「第六時辰」。

裡的水。」

耶穌回答說：「凡喝這水的，還要再渴；但誰若喝了我賜與他的水，他將永遠不渴；並且我賜給他的水，將在他內成為湧到永生的水泉。」婦人說：「先生，請給我這水罷！免得我再渴，也免得我再來這裡汲水。」

耶穌向她說：「去，叫你的丈夫，再回這裡來。」那婦人回答說：「我沒有丈夫。」耶穌說：「你說：我沒有丈夫，正對；因為你曾有過五個丈夫，而你現在所有的，也不是你的丈夫：你說的這話真對。」婦人向他說：「先生，我看你是個先知。我們的祖先一向在這座山上朝拜天主，你們卻說：應該朝拜的地方是在耶路撒冷。」

耶穌回答說：「女人，你相信我罷！到了時候，你們將不在這座山，也不在耶路撒冷朝拜父。你們朝拜你們所不認識的，我們朝拜我們所認識的，因為救恩是出自猶太人。然而時候要到，且現在就是，那些真正朝拜的人，將以心神以真理朝拜父，因為父就是尋找這樣朝拜他的人。天主是神，朝拜他的人，應當以心神以真理去朝拜他。」婦人說：「我知道默西亞（彌賽亞）——意即基督——要來，他一來了，必會告訴我們一切。」耶穌向她說：「同你談話的我就是。」

正在這時，他的門徒回來了，他們就驚奇他同一個婦人談話；但是沒有人問：「你要什麼？」或：「你同她談論什麼？」於是那婦人撇下自己的水罐，往城裡去向人說：「你們來看！有一個人說出了我所作過的一切事：莫非他就是默西亞嗎？」眾人從城裡出來，往他那裡去……。

城裡有許多撒瑪黎雅人信從了耶穌，因為那婦人作證說：「他向我說出了我所作過的一切。」這樣，那些撒瑪黎雅人來到耶穌前，請求他在他們那裡住下；耶穌就在那裡住了兩天。

還有更多的人因着他的講論，信從了他。他們向那婦人說：「現在我們信，不是為了你的話，而是因為我們親自聽見了，並知道他確實是世界的救主。」（若望／約翰福音 4:3-30,39-42）

反省題

1. 這是耶穌慷慨對待來自撒瑪黎雅的人的一個例子。另一例則是他把一個撒瑪黎雅人描繪成「良善的撒瑪黎雅人」這個比喻中的英雄（路加福音10:25-37）。這也是一個他與婦女談話而令門徒「驚奇」的例子。有關耶穌渴望向外伸出援手，這些行動對你說明了什麼？關於神渴望向你伸出援手，它們又道出了什麼？

2. 耶穌清楚自己的身分，他說「我就是」，換句話說，他明白承認自己是救世主默西亞。但唯有在撒瑪黎雅婦人對他敞開心扉之後，她才能真正地認識耶穌。在你對他人和神坦承自己的性傾向或身分後，關於神，你學到什麼？

3. 耶穌需要這位婦人給他某樣東西——一點飲水。神「需要」你的什麼？換句話說，在你生命中，神可能在向你要求什麼？

4. 婦人攜帶著沉重的水罐，象徵著她的負擔。她也需要耶穌給她某樣東西——「活水」。你願意將什麼擔子卸下，放在耶穌身旁？你又需要耶穌給你什麼？你能向他開口要求嗎？

5. 你認為這婦人聽起來像是在懷疑耶穌嗎？或她只是感到驚訝？你曾懷疑過神是真的想要與你相遇嗎？為什麼？

6. 婦人誠實地與耶穌分享她的生命史，她說：「我沒有丈夫。」你對於跟神分享自己的某些生命故事感到自在嗎？何不在祈禱中與祂分享？

7. 在福音中，這是耶穌與一個人最長的對話之一。要漸漸認識某個人，需要時間。你讓神認識你到何種程度了？神又讓你認識祂到何種程度了？

8. 聖母無玷聖心會的新約學者珊卓．史奈德思修女（**Sandra Schneiders, IHM**）提出，這婦人撇下她的水罐，很類似在加里肋亞海（加利利海）的第一批門徒，他們「拋下一切」跟隨了耶穌（路加福音 5:11）。而且，這婦人的見證對撒瑪黎雅人起了很大的效應。因此，她也是一位使徒——「受派遣的人」。神在你生命中的行動如何鼓勵你成為「受派遣的人」？你會見證與宣報什麼？

9. **對同志的家人、朋友和支持者：**門徒都「驚奇」耶穌跟一個婦女說話（他們或許也驚訝於他跟一個撒瑪黎雅人說話）。在你認識的人當中，有人對你的家人或朋友是同志而感到驚訝嗎？那讓你有何感受？是什麼讓耶穌能以這般的關懷對待她？是什麼讓耶穌能不受他人的想法困擾？你能向耶穌訴說你的經驗嗎？你能讓耶穌跟你說說他的經驗嗎？

第17章 復活的基督最先顯現的人

生命常常顯得很絕望。事實上，在耶穌被釘死在十字架上後，聖週五（主受難日）餘下的時間和聖週六整天，門徒都悲痛不已，也擔驚受怕。他們擔心，落在他們領袖身上的厄運是否也會發生在自己身上。他們似乎對世界失去了希望。但是，耶穌復活顯示了生命永遠勝過死亡，愛永遠勝過恨，而希望永遠勝過絕望。

在本章摘錄的經文中，剛剛復活的耶穌並非最先顯現給「核心圈」中的一員——亦即十二宗徒（門徒）——卻顯現給一位婦女。在〈若望福音〉（約翰福音）中，第一個被委以「宣報這個好消息」任務的是瑪利亞瑪達肋納（抹大拉的馬利亞），而非伯多祿（彼得）。

的確，在那短短的時間裡——幾分鐘或幾小時——也就是從復活的基督顯現給她，到她向門徒們宣報主復活的消息之間，在那當下，瑪利亞瑪達肋納**就是**世上的教會。耶穌的生命、死亡與復活的奧秘，唯獨顯示給了她。

這又一次提醒我們，神是如何地深愛那些被世人看成「次等」的人們。

> 一週的第一天，清晨，天還黑的時候，瑪利亞瑪達肋納來到墳墓那裡，看見石頭已從墓門挪開了。於是她跑去見西滿伯多祿（西門．彼得）和耶穌所愛的那另一個門徒，對他們說：「有人從墳墓中把主搬走了，我們不知道他們把他放在那裡了。」
>
> 伯多祿便和那另一個門徒出來，往墳墓那裡去了。兩人一起跑，但那另一個門徒比伯多祿跑得快，先來到了墳墓那裡。他俯身看見了放著的殮布，卻沒

有進去。

隨著他的西滿伯多祿也來到了，進了墳墓，看見了放著的殮布，也看見耶穌頭上的那塊汗巾，不同殮布放在一起，而另在一處捲著。那時，先來到墳墓的那個門徒，也進去了，一看見就相信了。這是因為他們還不明白，耶穌必須從死者中復活的那段聖經。然後兩個門徒又回到家裡去了。

瑪利亞卻站在墳墓外邊痛哭；她痛哭的時候，就俯身向墳墓裡面窺看，見有兩位穿白衣的天使，坐在安放過耶穌遺體的地方：一位在頭部，一位在腳部。那兩位天使對她說：「女人！你哭什麼？」她答說：「有人把我主搬走了，我不知道他們把他放在那裡了。」說了這話，就向後轉身，見耶穌站在那裡，卻不知道他就是耶穌。

耶穌向她說：「女人，你哭什麼？你找誰？」她以為是園丁，就說：「先生，若是你把他搬走了，請告訴我，你把他放在那裡，我去取回他來。」耶穌給她說：「瑪利亞！」她便轉身用希伯來話對他說：「辣步尼（拉波尼）！」

就是說「師傅。」

耶穌向她說：「你別拉住我不放，因為我還沒有升到父那裡；你到我的弟兄那裡去，告訴他們：我升到我的父和你們的父那裡去，升到我的天主和你們的天主那裡去。」

瑪利亞瑪達肋納就去告訴門徒說：「我見了主。」並報告了耶穌對她所說的那些話。（若望／約翰福音 20:1-18）

反省題

1. 你記得生命中有哪些時候感覺毫無希望嗎？你的受難日和聖週六曾是什麼樣的？是什麼幫助了你向前邁進？
2. 基督信仰的訊息聚焦於復活，而復活的焦點是希望。什麼給你希望？你的「復活」經驗是什麼？
3. 誰帶給你希望？誰向你宣報好消息（福音）？誰是你的瑪利亞瑪達肋

納？你又向誰宣報了好消息？

4. 正如〈若望福音〉所描寫的，在一段時間內，瑪利亞瑪達肋納就是世上的教會。因為耶穌的生命、死亡與復活，單單顯示給了她。若要你說出在某段黑暗時期對你來說就是教會的一個人，那會是誰？

5. 你能為了讓你懷有希望的恩寵而感謝神嗎？

6. **對同志的家人、朋友和支持者：**在你的同志家人和朋友的生命中，你在何處找到過復活的徵兆？在教會中，你又在哪裡看見它？

第18章 走在「打開眼睛」的路上

世事經常難以了解，有時甚至難以接受。對我們所有的人來說，面對生命中各種不同的轉折點時，情況就是這樣。

在耶穌釘死在十架上後，兩個絕望的門徒離開耶路撒冷。這個故事顯示了當我們讓神開啟我們的眼目以新的方式觀看，當我們願意去省思神在進行的究竟是什麼事，還有當我們發覺神就在我們團體當中時，會發生什麼事。

就在那一天，他們中有兩個人往一個村莊去，村名厄瑪烏（以馬忤斯），離耶路撒冷約六十「斯塔狄」（二十五里）。他們彼此談論所發生的一切事。談話討論的時候，耶穌親自走近他們，與他們同行。他們的眼睛卻被阻止住了，以致認不出他來。

耶穌對他們說：「你們走路，彼此談論的是些什麼事？」他們就站住，面帶愁容。一個名叫克羅帕（革流巴）的，回答他說：「獨有你在耶路撒冷作客，不知道在那裡這幾天所發生的事嗎？」耶穌問他們說：「什麼事？」

他們回答說：「就是有關納匝肋（拿撒勒）人耶穌的事。他本是一位先知，在天主及眾百姓前，行事說話都有權力。我們的司祭長及首領竟解送了他，判了他死罪，釘他在十字架上。我們原指望他就是那要拯救以色列的。可是——此外還有：這些事發生到今天，已是第三天了。我們中有幾個婦女驚嚇了我們；她們清早到了墳墓那裡，沒有看見他的遺體，回來說她們見了天使顯現，天使說他復活了。我們中也有幾個到過墳墓那裡，所遇見的事，如同婦女們所說的一樣，但是沒有看見他。」

耶穌於是對他們說：「唉！無知的人哪！為信先知們所說的一切話，你們的心竟是這般遲鈍！默西亞（彌賽亞）不是必須受這些苦難，纔進入他的光榮嗎？」他於是從梅瑟（摩西）及眾先知開始，把全部經書論及他的話，都給他們解釋了。

當他們臨近了他們要去的村莊時，耶穌裝作還要前行。他們強留他說：「請同我們一起住下罷！因為快到晚上，天已垂暮了。」耶穌就進去，同他們住下。當耶穌與他們坐下吃飯的時候，就拿起餅來，祝福了，擘開，遞給他們。他們的眼睛開了，這纔認出耶穌來；但他卻由他們眼前隱沒了。

他們就彼此說：「當他在路上與我們談話，給我們講解聖經的時候，我們的心不是火熱的嗎？」他們遂即動身，返回耶路撒冷，遇見那十一門徒及他們一起的人，正聚在一起，彼此談論說：「主真復活了，並顯現給西滿（西門）了！」二人就把在路上的事，及在分餅時，他們怎樣認出了耶穌，述說了一遍。（路加福音 24:13-35）

反省題

1. 你的眼睛何時「被阻擋而認不出」神？什麼阻擋你在這些時刻看見神？

2. 我的一位靈修輔導說過，他認為「我們原指望」這幾個字是福音中最悲傷的話。你是否有過一段時間，像那兩個前往厄瑪烏的門徒那樣絕望？你現在如何看待那段時間？

3. 有些新約學者曾留意到，福音沒有提及第二個門徒（也就是克羅帕的朋友）的性別，所以另一個門徒有可能是他的妻子。有誰在你絕望的時候陪伴過你？誰一直走在你的身旁？

4. 在困難的時期，是什麼讓你留意到神的同在？

5. 若你要訴說自己「往厄瑪烏的路上」的故事，那故事會是什麼樣的？

6. **對同志的家人、朋友和支持者：**在你生命不同的時間點上，你的眼睛可能曾「被蒙蔽而認不出」神的恩寵降臨在你家人或朋友的生命中。是什麼開啟了你的眼睛？

附錄一

感到被拒絕時的祈禱文

對於同志青年大量發生的自殺事件，基督徒的心（或者任何一個能夠憐憫的心）都不可能無動於衷。雖然每宗自殺事件都是可怕的悲劇，但一個年輕人感覺自己的生命永遠無法改變，並因霸凌或騷擾而走上絕望之路，格外令人痛心。

許多同志（包括年輕人和年長者）都告訴過我，他們被自己的教會及其他宗教組織傷得有多深。我邀請教會去找到一種更有憐憫心的方式，向同志青年伸出援手，讓他們感到自己有價值、被看重，並知道自己是為神所愛的——也是為我們所愛的。我們必須如同耶穌那樣，首先以歡迎接納來引導他們，而非以譴責來對待他們。

就我能做的部分來說，我在此提供一段祈禱文，獻給所有感到自己以任何方式或在任何地方被排斥在外、遭到拒絕、被排擠到邊緣、受到羞辱或迫害的人，無論他們有沒有宗教信仰。

當我感到遭受拒絕時

慈愛的神，
祢創造了我，使我成為如今的樣貌。
我讚美祢，我愛祢，
因為我的受造如此驚奇神奧，
是按祢的肖像而受造。
但是當人們嘲笑我，
我感到受傷和困窘，甚至羞恥。

所以，主啊，
請幫助我記得我自己的良善，
存在於祢內。
幫助我記得自己的尊嚴，
那是祢在我於母胎中受孕的那一刻給予我的。
幫助我記得我能夠過著有愛的生活，
因為祢創造了我的心。

當人們讓我感到自己「次等」時，請與我同在，
並幫助我懷著愛，一種尊重他人也尊重我自己的愛，
以祢想要的方式回應祢。
請幫助我找到朋友，那些愛我的真貌的朋友們。
最重要的，請幫助我成為一個仁愛的人。

天主，請幫助我記得耶穌愛我。
因為他也曾被視為邊緣人。
他也曾遭到誤解。
他也曾被毆打、被人吐口水。
因著祢創造我的方式，
耶穌以一種特殊的愛，了解我並且愛我。

當我感到寂寞，
請幫助我記得耶穌歡迎每個人，視之為朋友。
耶穌提醒每個人，神深愛他們。
耶穌鼓勵每個人擁抱自己的尊嚴，
即便在他人對那份尊嚴視若無睹之際。
耶穌懷著祢給予他的愛，愛每一個人。

而他也愛我。

神啊，還有一件事：
請幫助我記得在祢沒有不可能的事，
祢有辦法讓事情好轉，
祢能為我找到一條愛的道路，
即便我現在無法立刻看到它。
慈愛的神啊，
請幫助我在那顆祢所創造的心中
記得這一切。
阿們。

附錄二

給個人與讀書會的問題討論

這篇閱讀與討論的指引，是伴隨本書而設計的，幫助你和你的團體更深入地反思馬丁神父對教會和同志團體所發出的「一起走近彼此」的邀請。我們希望這些題目讓你和你的團體更能充分掌握馬丁神父對這個重要談話的貢獻。

作者序

1. 耶穌會的馬丁神父說，他在本書初版面世後學到很多事，包括了「對同志基督徒的牧靈服務不是只針對同志，而是要漸漸擴展成對整個教會的牧靈服務」。教會能夠做什麼樣的外展關懷服務？舉個例子來說，為同志基督徒的家人服務？

2.馬丁神父說，教會要為「築橋」負主要的責任，「因為是教會讓同志基督徒感受被邊緣化，而非反過來」。你同意嗎？

3.本書沒有針對同性伴侶之間的關係或同婚議題而發言，這是因為，就如馬丁神父解釋的，教會和多數同志基督徒對這議題的看法相去太遠，而他想要聚焦在「有可能產生共識的部分」。他更進一步說，本書的焦點在於對話和祈禱，而不是性道德的問題。關於他決定聚焦在「有可能產生共識的部分」，你有何想法？

前言　我爲何而寫

1.馬丁神父寫道：「在教會的許多地方，同志群體仍然是隱形的……若是教會的某部分在本質上被隔絕於其他部分之外，福音的工作便無法完成。在這兩個群體——同志群體與體制教會——之間，已經形成一道鴻溝，而為了消弭這巨大的隔離，我們需要築一座橋。」你對於他所描述的這道「鴻溝」有多熟悉？在你看來，今日這裂痕為什麼存在？

2. 教會和同志群體雙方都以《天主教教理》所列述的三種美德「尊重、同情、體貼」來對待彼此，這意味什麼？可能有什麼必須改變？什麼可以保持原貌？

3. 「許多人會看到，教會似乎助長了分裂的趨勢，因為有些基督徒領袖和其會眾在『我們』和『他們』之間劃下了明顯的分界線。但是，唯有在具體實踐尊重、同情和體貼的美德時，教會才能發揮最好的效果。」基督徒在什麼地方劃下了這些分界線，你能想到什麼例子？基督徒在什麼地方拒絕這麼做，你又能想到什麼例子？這兩種對待方式各會帶來什麼樣的效應？

4. 「對大多數的同志來說，要了解他們能夠以自己的真實面貌為神所愛，並發現自己在教會中的位置，這樣的過程仍是艱難的。」為什麼會如此？你或你所愛的某個人曾有這樣的經驗嗎？

第一部　築一座雙向橋

1.馬丁神父提出，在美國，教會與同志基督徒群體之間存在許多衝突，很多衝突是來自「缺乏溝通，以及同志基督徒與教會之間存在的許多不信任」。他提議築一座「在同志群體和教會之間」的橋來回應。你想，他為什麼在這裡運用一座橋的圖像？他這麼做有什麼益處？

第一章　尊重：從教會走向同志

1.馬丁神父呼籲教會「尊重」同志群體，他寫道：「首先，『尊重』意味著至少認知到同志群體的**存在**，並向這個群體表達每個社群團體都渴望且值得的承認，因為它就在我們當中。」在你的經驗中，教會承認同志群體的「存在」嗎？為什麼看似如此簡單的事情，意義如此重大？

2. 你曾經藉由同志基督徒的恩賜而受到正面的影響嗎？這些恩賜是什麼？用聖保祿（保羅）的語言來說，你可以如何「尊敬」他們？
3. 你如何向同志們顯示「尊重」？

第二章　同情：從教會走向同志

1. 「首要的要求便是聆聽。」想想你在生活中遇到的同志，更加充分地聆聽他們，意味著什麼？你可能需要有什麼不同的做法？教會可能必須做什麼？你認為聆聽為什麼是「首要」的？
2. 馬丁神父分享了同志以及他們家人朋友的六個故事，希望這些故事能夠鼓勵我們去聆聽。其中哪一個故事最有力地觸動你呢？
3. 「教會領袖經常發表聲明——這是他們應做的——來護衛尚未出生的胎兒、難民和移民、窮人、無家可歸者、年長者……但是，特別支持我們的同志兄弟姊妹的聲明在哪裡呢？」以你的意見看來，這是雙重標準嗎？你想，這種情況為何存在？

4. 在關於同志自殺和霸凌的統計數字中，馬丁神父留意到，男女同性戀及雙性戀青年可能嘗試過自殺的比率，是異性戀青年的五倍。你是否對這個數字感到震驚？關於對同志青年的關懷是一項「生命議題」，這說明了什麼？

5. 你如何向同志表露「同情」？

第三章　體貼：從教會走向同志

1. 馬丁神父寫道：「倘若你不認識一個群體，你就不能了解這個群體的感受。」你可以如何增加你對同志群體的認識？如果你能那麼做，可能會有什麼效果？教會可以如何進行這件事？可能會有什麼效果？

2. 「但是對耶穌來說，沒有『異類』。耶穌的目光超越類別——他在人們所在的地方與他們相遇，並陪伴他們。」耶穌的言行舉止，以及他對待邊緣人的方式，可以如何教導當代教會與同志群體建立關係？耶穌的作為又能教導你什麼？

3.什麼福音故事可以用來教導我們以「尊重、同情、體貼」來對待同志？什麼福音章節可能與幫助那些感到被排斥、被邊緣化的人們有關？

4.在「尊重、同情、體貼」之外，還有什麼其他的美德是教會在關懷同志團體時需要用來作為典範的？

5.你如何向同志表示「體貼」？

第四章　尊重：從同志走向教會

1.對同志基督徒團體，馬丁神父建議：「這是放下『我們與他們』這種心態的時刻，因為在教會中沒有我們與他們之分。」你曾認為自己是「我們」中的一個嗎？你曾感受自己像「他們」中的一個嗎？對同志基督徒來說，注意這個建議，會像是什麼樣子的呢？

2.馬丁神父呼籲同志基督徒在「教會面」和「人性面」兩方面都尊重教會。他如何定義這兩方面？為什麼這兩者都有需要？

3. 馬丁神父承認，對同志基督徒來說，光是思考以「尊重、同情、體貼」來對待教會就可能很難了，因為這團體中許多人感到被教會排拒在外。即便很難，你認為以這種方式去做，對一個被排擠到邊緣的團體成員仍然重要嗎？或者，你會想訴諸另一種途徑？

4. 對於那位男同志的父親與當地主教會面的故事，你的感想是什麼？它讓你感到有希望、絕望，或是介於兩者之間？這在未來能成為對話的一個典範嗎？

第五章　同情：從同志走向教會

1. 在這一章中，馬丁神父列出主教的許多繁雜職務。你想，包括同志群體的成員在內，有多少人覺察到那些職務？覺察到那些職務，可以如何增加這群體對主教們的同情？

2. 馬丁神父根據自己的經驗而寫道：「我的一位同志朋友說，神職人員的性侵事件讓他特別憤怒。儘管感覺自己不受歡迎，在他多年來仍試著留在教會之後，這件事讓他深深感到被體制背叛。他告訴我：『我憤怒極了。』他如何能接受掩蓋性侵罪行的教會領導階層譴責他的性傾向？」面對這樣的情勢，同志群體如何一邊承認教會內部有這些問題，同時又不讓那些問題阻礙馬丁神父所呼籲的築起「雙向橋」？

3. 對於一個排擠、孤立你的團體或個人懷有同情心，是可能的嗎？這跟耶穌要求我們「愛你的仇人，為迫害你的人祈禱」（瑪竇／馬太福音 5:44）有何關連？

第六章　體貼：從同志走向教會

1. 「我們必須敏銳地察覺到一件事：當梵蒂岡官方（無論是教宗或梵蒂岡某個聖部）發言時，他們是在對全世界講話，而不只是對西方世界，當然更非只針對美國。」換句話說，當我們聽到教宗發出一個宣告，我們要記得他是在向全世界的教徒說話。教會的「普世」層面，如何影響你對信仰的觀感？

2. 馬丁神父提到教會中「先知」的角色。你想他為何要提出這點？你曾在哪裡看到教會在種種不同議題上做出「先知性」的行動？「先知性」又如何幫助同志群體在體貼教會這一點上成長？

3. 方濟會作家理查・羅爾神父曾寫道，先知「不可能完全是圈內人，但也無法從外面扔石頭」。這和我們應該在教會內為同志群體發聲有何關連？

第七章　一起在橋上

1. 馬丁神父提醒雙方：「在這座雙向橋上，無論哪一條線道都不是平順易行的。就像現實生活中的橋一樣，這座橋上也會有收費站。當你想要過一種尊重、同情和體貼的生活時，就要付出一些代價。」以這方式生活，可能會讓同志群體付出什麼「代價」？教會成員呢？要冒什麼風險？在「收費站」面前，你願意「付出」什麼？

2. 馬丁神父向同志群體提問：「是什麼讓這座橋屹立？是什麼防止了它崩塌在

尖銳的岩石上？是什麼讓我們沒有墜入橋下湍急危險的水流？答案是：聖神（聖靈）。」聖神如何支持我們個人和團體？要在這兩個群體之間建立「合一」，聖神扮演了什麼樣的角色？你相信在神的教會內，所有的人都被接納歡迎嗎？

第二部　從聖經中反思與默想

1. 這些聖經章節中，哪一段對你來說感觸最深？為什麼？
2. 這些章節中，哪一段最讓你驚訝？有沒有哪一段經文向你發出挑戰，讓你以新的方式看待同志或教會？以怎麼樣的新方式？
3. 在公開訪談中，馬丁神父留意到許多評論者忽視了本書的這個部分——祈禱的邀請。你想為什麼會如此？你認為一般來說，比起祈禱，人們是否對於對話更感到自在？
4. 舊約和新約當中還有什麼其他的章節，向你闡述了神對被排斥到邊緣的人伸出援手？

5. 你會如何描述耶穌以什麼途徑接近那些在他的時代處於社會邊緣的人？這對你的向外關懷和教會的外展行動有何啟發？

附錄一 感到被拒絕時的祈禱文

1. 你能夠用這篇禱詞祈禱嗎？當你那麼做時，發生了什麼？
2. 對我們所有人來說，「驚奇神奧的受造」意味著什麼？
3. 倘若你要為某個感到被拒絕的人寫一篇禱詞，你會寫什麼呢？

最後的一些問題

1. 本書帶給你怎樣的挑戰？又如何安慰了你？如何改變了你思考的方式？
2. 整本書當中，經常提到「尊重、同情、體貼」這三項來自《教理》的美德。在這些美德中，你認為自己哪一項做得很好？哪一項可能需要成長？想想你的答案，特別是你可以如何更充分地關懷同志群體或是教會的這個部分。

3. 在馬丁神父的建議之外，你想，為了幫助築起這座橋，可能還需要什麼美德與行動？

4. 為了在築橋的過程中繼續往前邁進，你可能需要跟哪個人對話——去聆聽，去提問？

5. 在教會對同志群體的外展關懷行動中，你在哪裡看見聖神工作的徵兆？

6. 此刻，聖神正如何感動著你？

致謝

這本書能寫成，許多人都有貢獻，而我對他們心懷感激。

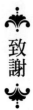

首先，我想要感謝「新路牧靈服務」，特別是簡寧・葛拉米克修女（Sister Jeannine Gramick, SL）和弗朗西斯・狄伯納多（Francis DeBernardo）。「新路」邀請我發表一篇演講詞，這本書的前半部就是以這篇講詞為基礎。

我要感謝可敬的若望・希瑟羅神父（Very Rev. John Cecero, SJ）和羅伯・胡賽神父（Very Rev. Robert Hussey），這兩位分別是耶穌會美國東北省和馬里蘭省的省會長，還有耶穌會士麥特・馬隆尼神父（Matt Malone, SJ），「美國媒體」（America Media）的總裁和總編輯，感謝他們對那篇講詞和本書的支持。也感謝希瑟羅神父，我的耶穌會省會長，感謝他對這本書正式的教會認可。

也感謝支持我的耶穌會弟兄們，許多年來在我對同志群體的非正式服務上給予支持。還有好些耶穌會士從事這種服務，我不是唯一的一個。我也感謝以許多美好方式支持我出版這本書的所有弟兄。

感謝這項牧靈服務的先驅者，像是簡寧修女、和她共同創辦「新路牧靈服務」的羅伯．努根特神父（Rev. Robert Nugent），以及前耶穌會士若望．麥可奈爾（John McNeill），他是《教會與同性戀者》（*The Church and the Homosexual*）的作者，這本書充滿爭議，但它還是在一九七六年取得教會認可而出版了。努根特神父在二〇一四年去世，麥可奈爾在二〇一五年去世。這三位都為了他們的牧靈服務，以不同的方式受過磨難。

我也想要感謝若望．史特林考斯基蒙席（Rev. Msgr. John Strynkowski）、詹姆士．艾利森（James Alison）、耶穌會士威廉．貝瑞神父（William A. Barry, SJ）、耶穌會士詹姆士．基南神父（James F. Keenan, SJ）、麥可．歐羅孚林（Michael

O'Loughlin）、亞瑟・費茲莫里斯（Arthur Fitzmaurice）、索爾許・歐里菲爾斯（Xorje Olivares）以及丹迪布瑞克里爾（Dan De Brakeleer），感謝他們對我的演講及手稿的批評指教。

謝謝《美洲雜誌》的編輯若瑟・麥可奧力（Joseph McAuley）和黑迪・希爾（Heidi Hill），他們幫忙仔細審核事實。感謝麥奇・毛德林（Mickey Maudlin）、馬可・陶柏（Mark Tauber）、安娜・寶斯坦巴赫（Anna Paustenbach）、諾耶爾・克里斯曼（Noël Chrisman）、安・摩露（Ann Moru）、瑪莉・格蘭基亞（Mary Grangeia）、黛安娜・史特琵（Dianna Stirpe）、梅琳達・穆林，以及Harper-One出版社的阿迪雅・寇拉（Adia Colar），感謝他們對這本書的細心編輯、建議和支持。

感謝唐納德・卡特勒（Donald Cutler），他是一位這麼好、這麼支持我的出版經紀人。感謝阿卓恩・摩甘（Adrian Morgan）設計的耀眼封面（此指英文版）。我也想要感謝伊凡和馬科斯・烏柏提（Ivan and Marcos Uberti），感謝他們的友誼和支持。

最重要的是，我想要感謝許許多多的同志基督徒，他們跟我分享自己的經驗，關於神在他們生命中做工的種種方式。他們向我顯示了「驚奇神奧的受造」的意義。

國家圖書館出版品預行編目資料

在橋上，與你相遇：基督徒和同志團體如何建立彼此尊重、同情、體貼的互動關係 / 詹姆士．馬丁(James Martin)著；張令憙譯. -- 初版. -- 臺北市：啟示出版：家庭傳媒城邦分公司發行, 2020.02
面；　公分. --(SKY系列；8)

譯自：Building a Bridge: How the Catholic Church and the LGBT Community Can Enter into a Relationship of Respect, Compassion, and Sensitivity

ISBN 978-986-98128-4-9 (平裝)

1.教牧學 2.天主教 3.同性戀 4.性別平等

245.9　　108023009

Sky系列008

在橋上，與你相遇：基督徒和同志團體如何建立彼此尊重、同情、體貼的互動關係

作　　者／詹姆士．馬丁（James Martin）
譯　　者／張令憙
企畫選書人／彭之琬、李詠璇
總 編 輯／彭之琬
責任編輯／李詠璇

版　　權／黃淑敏、翁靜如、邱珮芸
行銷業務／莊英傑、周佑潔、林秀津、王瑜、華華
總 經 理／彭之琬
事業群總經理／黃淑貞
發 行 人／何飛鵬
法律顧問／元禾法律事務所 王子文律師
出　　版／啟示出版
臺北市104民生東路二段141號9樓
電話：(02) 25007008　傳真：(02)25007759
E-mail:bwp.service@cite.com.tw
發　　行／英屬蓋曼群島商家庭傳媒股份有限公司城邦分公司
台北市中山區民生東路二段141號2樓
書虫客服服務專線：02-25007718；25007719
服務時間：週一至週五上午09:30-12:00；下午13:30-17:00
24小時傳真專線：02-25001990；25001991
劃撥帳號：19863813；戶名：書虫股份有限公司
讀者服務信箱：service@readingclub.com.tw
城邦讀書花園：www.cite.com.tw
香港發行所／城邦（香港）出版集團
香港灣仔駱克道193號東超商業中心1F　E-mail: hkcite@biznetvigator.com
電話：(852) 25086231　傳真：(852) 25789337
馬新發行所／城邦（馬新）出版集團【Cite (M) Sdn Bhd】
41, Jalan Radin Anum, Bandar Baru Sri Petaling, 57000 Kuala Lumpur, Malaysia.
電話：(603) 90578822　傳真：(603) 90576622
Email: cite@cite.com.my

封面設計／李東記
排　　版／極翔企業有限公司
印　　刷／韋懋印刷事業有限公司

■ 2020年2月20日初版　　Printed in Taiwan

定價 320 元

 ISBN 978-986-98128-4-9